C.H.BECK ■ **WISSEN**

in der Beck'schen Reihe

Der Name *Babylon* erfreute sich von der Antike bis in die Gegenwart nicht selten nur eines zweifelhaften Rufs. So galt der legendäre *Turmbau zu Babel* als Symbol menschlicher Vermessenheit, die Gott mit Sprachverwirrung strafte, und lange hielt sich das Bild von der *Hure Babylon* gleichsam als Chiffre für Sittenlosigkeit und Verderbtheit. Jenseits aber von Mythen und Vorurteilen erscheint das historische Babylonien als eine der ältesten Hochkulturen der Menschheit, die durch frühe Entwicklung der Schriftlichkeit und durch Ausprägung von Wissenschaften wie Sternenkunde, Medizin und Mathematik beeindruckt. Unvergänglichen Ruhm erwarb sich König Hammurapi, der im 18. Jahrhundert v. Chr. Babylonien zu einem stabilen Großreich umgestaltete und ein umfassendes Gesetzeswerk schuf, und schließlich erhielt um 1200 v. Chr. das Gilgamesch-Epos, das bis heute als eines der Hauptwerke der Weltliteratur gilt, in Babylonien eine einheitliche, kanonische Fassung.

Michael Jursa hat in dem vorliegenden kleinen Band die Geschichte Babyloniens kompetent zusammengefaßt und bietet darüber hinaus eine sehr gut verständliche Einführung in Wirtschaft, Gesellschaft, Religion und Kultur der Babylonier, die dazu anregt, sich eingehend mit diesem bedeutenden Volk des Alten Orients zu befassen.

*Michael Jursa*, Jahrgang 1966, lehrt als Professor für Altorientalistik an der Universität Wien. Mesopotamische Wirtschafts- und Kulturgeschichte bilden Schwerpunkte seiner Forschung. Er wurde im Jahr 2002 für seine Forschungen zur Wirtschaftsgeschichte Babyloniens im ersten Jahrtausend v. Chr. vom Österreichischen Bundesministerium für Bildung, Wissenschaft und Kultur mit dem START-Preis ausgezeichnet.

Michael Jursa

# DIE BABYLONIER

Geschichte, Gesellschaft, Kultur

Verlag C. H. Beck

Mit 6 Abbildungen und 2 Karten

Dieses Buch entstand im Rahmen eines vom Fonds für die Förderung der Wissenschaftlichen Forschung (Wien) finanzierten Forschungsprojekts zur Wirtschaftsgeschichte Babyloniens im 1. Jahrtausend v. Chr.

Originalausgabe
© Verlag C.H. Beck oHG, München 2004
Gesamtherstellung: Druckerei C.H. Beck, Nördlingen
Umschlagabbildung: Altbabylonische Plastik, 1790–1750 v. Chr.;
Kopf eines Königs (möglicherweise König Hammurapi). Diorit;
Paris, Musée du Louvre. Photo: AKG, Berlin/Erich Lessing
Umschlagentwurf: Uwe Göbel, München
Printed in Germany
ISBN 3 406 50849 9

*www.beck.de*

# Inhalt

# Einleitung

*«Nimm den Stiegenaufgang aus lang vergangener Zeit,*
*nähere dich (dem Tempel) Eanna, Sitz der Göttin Ischtar ...*
*Steig auf die Mauer von Uruk und geh umher,*
*schau ihre Fundamente an, prüfe das Ziegelwerk ...»*

Diese Aufforderung aus den ersten Zeilen des babylonischen Gilgamesch-Epos, die Wunder der alten Stadt Uruk, ihren Tempel und ihre mächtige Mauer zu betrachten, steht hier als Einladung an den Leser, die Leserin, einen Rundgang durch zwei Jahrtausende babylonischer Geschichte und Kultur zu unternehmen. Babylonien hat zeitweilig den gesamten alten Vorderen Orient vom iranischen Hochland bis in die Levante politisch dominiert und wesentlich länger kulturell geprägt; seine wissenschaftliche Tradition hat in der klassischen Antike nachgewirkt und tut dies zum Teil durch griechisch-römische Vermittlung noch heute, und der Einfluß seiner Kultur auf die Welt des Alten Testaments kann kaum überschätzt werden. Dadurch ist diese Kultur indirekt ein wichtiger Teil des westlichen jüdisch-christlichen Erbes geworden. Man würde dem Gegenstand aber bei weitem nicht gerecht werden, wollte man, wie es manchmal geschieht, die Beschäftigung mit Babylonien primär durch seine Relevanz für die Entwicklung unserer eigenen Tradition rechtfertigen. Die babylonische Zivilisation ist eine der ersten großen Kulturen der Menschheit. Sie hat ein reiches und in seiner Zusammensetzung einzigartiges Schrifttum hinterlassen, das den Schlüssel zum Verständnis wesentlicher Teile «der ersten Hälfte der Geschichte» darstellt. Es bedarf keiner nicht im Thema selbst liegenden Begründung, um sich mit Babylonien zu beschäftigen.

Das alte Zweistromland, Mesopotamien, hat in vorchristlicher Zeit drei große Kulturen hervorgebracht: die sumerische, die babylonische und die assyrische. Die Sumerer waren die ersten historisch faßbaren Bewohner des Landes zwischen Euphrat und Tigris. Sie schufen in Südmesopotamien, d. h. auf dem Gebiet des heutigen Südirak, eine der frühesten Stadtkulturen und erfanden um 3000 v. Chr. wahrscheinlich als erste die Schrift. Die sogenannte Keilschrift – benannt nach der charakteristischen Form der Schriftzeichen, die mit spitzen Griffeln in Ton eingedrückt wurden – wurde von den Sumerern an die späteren Babylonier und Assyrer (und andere Völker) weitergegeben, und das mit ihr untrennbar verbundene traditionelle Schrifttum wurde zum prägenden Charakteristikum aller altmesopotamischen Kulturen. Daraus ergibt sich die Eingrenzung des Themas dieses Büchleins. Es behandelt die Zeit zwischen etwa 2000 v. Chr., als das Babylonische das Sumerische als Hauptsprache in Südmesopotamien ablöste, und dem Ende der Keilschriftkultur in diesem Raum ungefähr um die Zeitenwende. Sprachen sind in Mesopotamien nützlichere Unterscheidungskriterien als ethnische Zugehörigkeit. Das Babylonische ist ein ‹Dialekt› des Akkadischen, das ab etwa 2000 v. Chr. in eine südliche Form, eben das Babylonische, und eine in Nordmesopotamien gesprochene Form, das Assyrische, zu differenzieren ist. Sprecher des Akkadischen, einer semitischen Sprache, sind schon im 3. Jahrtausend v. Chr. in Mesopotamien nachweisbar, aber erst um die Jahrtausendwende setzte sich ihre Sprache gegen das im Aussterben begriffene nichtsemitische Sumerische durch, und die babylonische Phase der mesopotamischen Geschichte hatte begonnen.

Die hier gebotene Synthese beruht auf einer subjektiven Auswahl aus den überreichen Quellen. Die weitgehende Konzentration auf philologisch-historische Evidenz ist im vorgegebenen Rahmen unvermeidlich, denn es ist die schriftliche Überlieferung, die Babylonien seinen besonderen Rang unter den antiken Kulturen verleiht. Breiterer Raum als der traditionellen politischen Geschichte im engeren Sinn wird der Behandlung von babylonischer Gesellschaft, Wirtschaft, Religion, Wissenschaft und Literatur eingeräumt, da diese Themen besser geeignet sind, die spezifischen Charakteristika der babylonischen Zivilisation vorzuführen, als Aufzählungen von Königen und Schlachten.

Im folgenden beziehen sich alle Jahreszahlen auf den Zeit-
raum vor Christi Geburt, sofern nicht Gegenteiliges angegeben
wird. Für Könige werden Regierungsdaten, nicht Lebensdaten,
angegeben. Die absolute Chronologie des 2. Jahrtausends ist
noch nicht ganz gesichert; ich bin der sogenannten ‹mittleren
Chronologie› gefolgt. Es ist möglich, daß Jahreszahlen bis ca.
1400 um einige Jahrzehnte niedriger anzusetzen sind. In den Zi-
taten aus Originaltexten markieren «...» Auslassungen, runde
Klammern ( ) sinnergänzende Einfügungen und eckige Klammern [ ] im Original durch Textbeschädigung verlorene Pas-
sagen.

# 1. Forschungsgeschichte und Quellen

## Das Alte Testament und die griechischen Quellen

Die Kenntnis von der Existenz Babyloniens und seiner vergangenen Größe war selbst vor dem Beginn archäologischer Forschungen in Mesopotamien im vorletzten Jahrhundert nie ganz verloren. Das alte Testament überliefert viele historisch korrekte Details zur Geschichte Babyloniens im 1. Jahrtausend (wichtige babylonische Könige wie etwa Nebukadnezar sind heute noch unter der hebräischen, nicht der babylonischen, Form ihres Namens bekannt); vor allem aber erhob es die Stadt Babylon in der Turmbau-Erzählung zu dem im jüdisch-christlichen kulturellen Gedächtnis wohl wirkmächtigsten Symbol für menschliche Hybris (Genesis 11) und in den machtvollen Worten von Jesaja und anderen zu einem Inbegriff gottfeindlicher Weltmacht, an der sich die Prophezeiung des ‹verdienten› Untergangs eindrücklich bewahrheitet hat: «*Wie es Sodom und Gomorra erging, ... so wird es Babel ergehen ... Für immer wird es unbewohnt sein, bis zu den fernsten Generationen wird es nicht mehr besiedelt. Nicht einmal ein Beduine schlägt dort sein Zelt auf, kein Hirt läßt seine Herde dort lagern. Dort haben nur Wüstenhunde ihr Lager, die Häuser sind voller Eulen, Strauße lassen sich dort nieder, und Böcke springen umher. Hyänen heulen in Babels Palästen, in den Lustschlössern heulen Schakale*» (Jes. 13:19–22a) – ein Konzept, das bis in das Neue Testament hineinwirkt, in dem Babylon als Deckname für das ebenfalls gehaßte (oder jedenfalls gefürchtete) Rom verwendet wird.

Die in der klassischen Literatur überlieferten Informationen zu Babylonien vermitteln, in Verbindung mit dem Alten Testament, eine rudimentäre, aber in Grundzügen zutreffende Vorstellung von Chronologie und politischer Geschichte Babyloniens im 1. Jahrtausend. Die Antike kennt im übrigen Babylonien vor allem als Heimat der in Magie, Astrologie, Astronomie, Physiognomik und anderen Wahrsagetechniken bewanderten babylonischen Priester, der sogenannten Chaldäer. Unter den klassischen Autoren, die über Babylonien berichten, sind zwei von besonderer Bedeutung: Berossos, von dessen *Babyloniaka* leider nur Fragmente überliefert sind, und der um vieles einflußreichere Herodot. Berossos (um 300) war ein Griechisch schreibender Babylonier und Priester des Gottes Bel, dessen Werk zu babylonischen Vorstellungen von Geographie, Welt- und Menschenschöpfung und allgemein Mythologie direkt aus dem einheimischen Schrifttum schöpfte und dessen Informationen sich, seitdem sie direkt mit Keilschriftquellen verglichen werden können, immer wieder als akkurat herausgestellt haben. Ganz anders verhält es sich mit Herodot (ca. 490–420). Im ersten Buch seiner Geschichte bietet er eine detaillierte Stadtbeschreibung Babylons nebst «ethnologischen» Kuriosa, die bis in das 19. Jahrhundert detaillierteste Informationsquelle für babylonische Gesellschaft und Kultur. Leider hat sich die Stadtbeschreibung mehrfach als unrichtig oder wenigstens ungenau herausgestellt, und viele der von Herodot geschilderten Bräuche der Babylonier – darunter so «sensationelle» bzw. aus griechischer Sicht «skandalöse» wie die Behauptung, jede babylonische Frau müsse sich einmal in ihrem Leben im Tempel der Liebesgöttin prostituieren – dürften entweder schlicht und einfach erfunden oder im besten Fall von Herodots Informanten (er selbst war nie in Babylon) grob mißverstanden worden sein.

Erwähnungen Babyloniens finden sich neben denen im Alten Testament (und jüngeren jüdischen Texten) und in der klassischen Literatur auch bei mittelalterlichen syrisch-aramäischen und arabischen Historikern. All diese Informationen verblassen aber vor der Fülle an neuen Kenntnissen, die man den babylonischen Quellen selbst entnehmen kann, die seit der zweiten Hälfte des 19. Jahrhunderts zugänglich geworden sind, als Europäer archäologische Untersuchungen im damals zum osmanischen Reich gehörigen Südmesopotamien aufnahmen.

## Die Wiederentdeckung Babyloniens im 19. Jahrhundert und die Entstehung der Altorientalistik

Die ersten systematischen Ausgrabungen in Mesopotamien wurden von dem französischen Konsul in Mossul, Paul Emile Botta, vorgenommen, der in den 1840er Jahren in Nordmesopotamien (Assyrien) arbeitete. Wenig später begann der Engländer Austen Henry Layard seine Ausgrabungen in Ninive, bei denen nicht nur eindrucksvolle Skulpturen und Reliefs gefunden wurden, sondern auch die spektakuläre Bibliothek des Assyrerkönigs Assurbanipal, die nach der Entzifferung der Keilschrift die Wiederentdeckung der wichtigsten Werke der babylonisch-assyrischen Literatur ermöglichen sollte. Diese Entzifferung gelang, aufbauend auf den Arbeiten des Deutschen Georg August Grotefend, der als erster die altpersische Keilschrift (weitgehend) korrekt gedeutet hatte, dem irischen Landpfarrer Edward Hincks in den 1850er Jahren. Diese Leistung wird oft Henry Rawlinson zugeschrieben, einem englischen Offizier, der – unter Lebensgefahr – jene dreisprachige Felsinschrift kopiert hatte, deren altpersische, nach Grotefend im wesentlichen lesbare Version der Schlüssel zu der babylonischen Parallelversion sein sollte, und der durchaus wichtige Erkenntnisse zur Entzifferung beisteuerte. Der Ruhm, den entscheidenden Durchbruch geschafft zu haben, gebührt aber sicherlich Hincks.

Diese Funde rückten Mesopotamien in das Blickfeld der westlichen Öffentlichkeit und stimulierten weitere Untersuchungen. In Südmesopotamien (Babylonien) wurde erst etwas später im größeren Stil gegraben, obwohl William K. Loftus schon um 1850 die gewaltige Ruinenstätte Warka, das alte Uruk, untersucht hatte. In den 1880er Jahren grub Hormuzd Rassam für das British Museum in Mittelbabylonien, vor allem in Sippar, wo Zehntausende Keilschrifttafeln gefunden wurden, sowie in Borsippa und Babylon. Die französische Grabung (ab 1877) in Tello, dem alten Girsu, führte zur Wiederentdeckung der bis dahin gänzlich unbekannten sumerischen Kultur. Ab 1889 untersuchte eine amerikanische Expedition die alte sumerische Stadt Nippur, wo unter anderem altbabylonische Häuser mit Bibliotheken

gefunden wurden, die später die Rekonstruktion der wesentlichen Werke der sumerischen Literatur erlauben sollten. Angesichts der englischen und französischen Erfolge wollte auch
Deutschland um die Jahrhundertwende nicht länger zurückste-
hen (archäologische Arbeiten im Vorderen Orient hatten in dieser Zeit durchaus auch eine politische Konnotation). Die Deut-
sche Orientgesellschaft (DOG) begann 1912 mit Ausgrabungen
in Uruk. Man gelangte dort bald in Schichten des frühen 3. Jahrtausends, also an die Wurzeln der mesopotamischen Hochkulturen. Richard Koldewey grub ebenfalls für die DOG ab 1899 in
Babylon. Er konnte die Stadt in ihrer Form des 1. Jahrtausends
buchstäblich wiederauferstehen lassen, fand den Hochtempel
(die Zikkurrat) Marduks, das Vorbild des biblischen «Turms
von Babel» (von dem allerdings im wesentlichen nur eine Grube
erhalten war, die den alten Fundamenten entsprach), die von
Herodot (ungenau) beschriebenen gewaltigen Mauern, den Palast Nebukadnezars und außerdem Tausende Keilschrifttafeln.

Die Aufarbeitung der Schriftfunde hatte zu dieser Zeit ebenfalls beträchtliche Fortschritte gemacht, wobei die Parallelen
zwischen Werken der babylonischen Literatur und dem Alten
Testament, etwa in der (Sint-)Fluterzählung, die sich auch im
Gilgamesch-Epos findet, als besonders sensationell empfunden
und dementsprechend besonders intensiv behandelt wurden.
Große öffentliche Aufmerksamkeit wurde vor dem ersten Weltkrieg in Deutschland dem sogenannten Babel-Bibel-Streit zuteil,
der vom Assyriologen Friedrich Delitzsch begonnen worden war
und in dem es um Fragen der Priorität babylonischer Motive im
Vergleich zu den biblischen Entsprechungen ging, und der bald
mit eindeutig antisemitischen Untertönen geführt wurde.

## Der Stand der Altorientalistik heute

Der erste Weltkrieg markiert das Ende der «Gründerzeit» der
Altorientalistik. Danach konnte sich das Fach zunehmend an
den wichtigsten Universitäten in Mitteleuropa, Frankreich,
England, Italien und den USA etablieren. Später bildete sich
auch die Vorderasiatische Archäologie als eigene Disziplin her-

aus. Die Ausgrabungstätigkeit auf dem Gebiet des heutigen Irak und in Syrien erbrachte kontinuierlich neue Erkenntnisse, neue Keilschrifttexte, neue Kunstwerke und eröffnete immer wieder gänzlich unerwartete Perspektiven, wie etwa die italienische Grabung in Tell Mardich in Westsyrien, dem alten Ebla, wo spektakuläre Textfunde in den 70er Jahren des vergangenen Jahrhunderts gemacht wurden, die ein ganz neues Licht auf die Geschichte des Vorderen Orients im 3. Jahrtausend warfen. Parallel dazu schreitet die Aufarbeitung der in den Museen befindlichen Keilschrifttafeln voran: Beträchtliche Teile der Textfunde des 19. Jahrhunderts sind noch unveröffentlicht oder sogar unkatalogisiert. Es gibt wohl keine philologisch arbeitende Altertumswissenschaft (mit der möglichen Ausnahme der Papyrologie), die vor einer derartigen Menge an noch nicht untersuchten Primärquellen steht wie die Altorientalistik.

Im Irak selbst ist seit dem zweiten Golfkrieg 1991 kaum mehr wissenschaftlich gegraben worden. Dafür werden seither, und besonders seit dem völligen Zusammenbruch der staatlichen Ordnung auf dem freien Land nach dem dritten Golfkrieg 2003, archäologische Fundstätten von Raubgräbern systematisch und im großen Stil ausgeplündert. Die Funde werden über den Kunsthandel nach Westeuropa und Japan und in die USA verkauft, wo sie in Privatsammlungen oder in einigen wenigen Museen, die die international üblichen ethischen Konventionen zum Kulturgüterschutz nicht beachten, enden. Der durch diese Plünderungen verursachte Schaden ist enorm: Abgesehen davon, daß nur gut erhaltene Stücke auf den Markt kommen und sehr viel bei den ‹Ausgrabungen› zerstört wird, ist der archäologische Kontext, aus dem die Funde stammen, nicht zu rekonstruieren; sie selbst sind daher nicht, oder nur sehr beschränkt, auswertbar.

## Die schriftlichen Quellen:
## Typologie und Probleme

Babylonische Keilschrifttexte aus dem 2. und 1. Jahrtausend sind überwiegend im babylonischen Dialekt des Akkadischen geschrieben, das spätestens gegen Anfang der altbabylonischen

Periode ausgestorbene Sumerisch wurde aber noch als Litera-
tur- und Gelehrtensprache verwendet und bis zum endgültigen
Abreißen der Keilschrifttradition spätestens im 3. Jahrhundert
n. Chr. gelehrt. Eine genaue zahlenmäßige Bestimmung des Um-
fangs des erhaltenen Materials ist kaum möglich: Die Zahl der
einschlägigen Tontafeln allein in westlichen Museen geht in die
Hunderttausende. Es wurde jedenfalls geschätzt, daß das akka-
dische Textkorpus rein quantitativ umfangreicher ist als das aus
der Antike erhaltene lateinische und innerhalb der altsprach-
lichen Korpora nur vom Griechischen (in dem die zahllosen Papyri aus Ägypten geschrieben sind) übertroffen wird.

Zur Strukturierung des Korpus hat sich eine Unterscheidung
in «archivalische», «monumentale» und «kanonische» Texte
bewährt. Der erstgenannte Terminus bezeichnet Texte des täglichen Lebens: Rechtsurkunden, Briefe, administrative Notizen,
Abrechnungen, usf. Grob geschätzt fallen 80% der schriftlichen
Überlieferung Mesopotamiens in diese Kategorie. Das Wort
«archivalisch» verweist auf den «Sitz im Leben» dieser Texte:
Um sie sachgerecht interpretieren zu können, ist es unumgäng-
lich zu wissen, aus welchem Kontext sie stammen. Die Rekonstruktion von zusammengehörenden Dossiers und ganzen Ton-
tafel-Archiven ist eine der wesentlichen Aufgaben altorienta-
listischer Forschung. Die Größe solcher Archive ist höchst unterschiedlich – man kennt Tempelarchive mit Zehntausenden
Tafeln ebenso wie Privatarchive mit vielleicht einem Dutzend
Texten. Es sind diese Texte, die Mesopotamien allgemein und
Babylonien im besonderen zu einem einzigartigen Forschungs-
gegenstand für antike Sozial- und Wirtschaftsgeschichte machen, denn es gibt – sieht man von den spätantiken, also viel
jüngeren Papyri aus Ägypten ab – im Altertum kein auch nur
annähernd vergleichbar reiches Korpus von Alltagstexten.

«Monumentale» Texte sind vor allem Herrscherinschriften.
Typologisch haben sich diese Inschriften aus kurzen Bau- und
Weihinschriften entwickelt, die die Tätigkeit des Stifters im
öffentlichen Bewußtsein erhalten sollten. Sie identifizierten also
Gottheit, Spender, gebautes oder gespendetes Objekt und gege-
benenfalls die Gelegenheit, zu der gebaut oder dediziert wurde.

Dieses Grundschema wurde durch dem Herrschernamen beige-
gebene Epitheta (schmückende Beiworte) und Einschübe erweitert, die alle den Ruhm des Stifters und die Außerordentlich-
keit seiner Taten preisen. Diese Einschübe konnten historische
Informationen, z. B. über Kriegstaten und dergleichen, enthalten und zu beträchtlicher Länge ausgedehnt werden. In vielen
Perioden ist die Rekonstruktion der politischen Geschichte Mesopotamiens auf solche königlichen Tatenberichte angewiesen.
Das damit verbundene Problem ist offensichtlich: Es sind Ten-
denzschriften zur Verherrlichung des Herrschers, nicht aber ob-
jektive Geschichtsschreibung.

«Kanonische» Texte schließlich sind jene, die in den Schreiberschulen studiert, in Tempel- und Palastbibliotheken abgeschrieben und gesammelt und dadurch von Generation zu
Generation tradiert wurden. Diese Gruppe kann grob in «wissenschaftliche» und «literarische» Werke getrennt werden, d. h.
in jene Kompositionen, die den Bedürfnissen von Spezialisten
bestimmter Professionen wie Berufsschreibern, Beschwörern,
Wahrsagern oder Ärzten dienten oder als Produkte von deren
Tätigkeit angesehen werden können, und jene, für die dies nicht
gilt. Genaueres dazu wird in den Kapiteln 6 und 7 ausgeführt.

## 2. Ein Abriß der politischen Geschichte Babyloniens

### Rivalisierende Staaten der altbabylonischen Zeit

Der Zusammenbruch des stark zentralisierten Reiches der dritten Dynastie von Ur, des letzten sumerisch dominierten Staates
in Mesopotamien, um 2000 und die daran anschließenden un-
ruhigen und schlecht dokumentierten Zeiten hinterließen eine
politische Ordnung, die im gesamten Vorderen Orient weitgehend von regionalen Machtzentren, die zum Teil wenig mehr als
Stadtstaaten waren, geprägt war. Diese rivalisierten in immer

wechselnden Konstellationen miteinander, verbündeten sich oder bekriegten einander, gelegentlich bis zur Vernichtung eines der Kontrahenten. Trotz der lokalen Begrenztheit vieler Konflikte und der geringen Größe vieler der Staaten war dies eine Zeit weitreichender Beziehungen, in der die Mächtigeren unter den Herrschern die politische Situation durchaus aus einer überregionalen, von Westsyrien bis in das iranische Hochland reichenden Perspektive betrachteten bzw. betrachten mußten.

Sprachlich, kulturell und ethnisch stellten Babylonien, Teile Nordmesopotamiens und das Gebiet am Mittleren Euphrat bis weit nach Westen insofern eine Einheit dar, als wesentliche Teile der Bevölkerung amurritischen Ursprungs waren, d. h. zu einer großen Gruppe semitischer halbnomadischer Stämme gehörten, die schon im 3. Jahrtausend in das Kulturland entlang der Flüsse vorgedrungen waren. Im 2. Jahrtausend stellten sie in den meisten Staaten des Nordens und Westens und zunehmend auch in Südbabylonien die Herrscher, durchliefen einen Prozeß der Urbanisierung, vermischten sich mit der alteingesessenen Stadtbevölkerung, den «Akkadern» und nahmen deren Kultur, die Kultur der alten mesopotamischen Stadtgesellschaften, an. Man schrieb Babylonisch, nicht Amurritisch; die Könige verstanden sich in Babylonien auch in religiöser Hinsicht in der Tradition der alten (sumerischen) Herrscher. Östlich an diese einigermaßen kohärente semitische, amurritisch geprägte Welt grenzte das Land Elam mit dem Zentrum Susa, in Nordmesopotamien und Nordsyrien gab es ein starkes hurritisches Bevölkerungselement. Sowohl Elam als auch die Hurriter standen unter mesopotamischem Kultureinfluß, sie hatten die Keilschrift übernommen und schrieben zum Teil in Babylonisch, aber insgesamt standen sie doch deutlich außerhalb des Bereichs der amurritischen sozio-kulturellen Koiné (Gemeinschaft). Im Falle Elams gibt es hierzu ein aufschlußreiches Eigenzeugnis eines amurritischen Briefschreibers, der angesichts der Bedrohung durch ein elamisches Heer auf die unterschiedliche Hautfarbe der Elamer hinweist und damit ihre Andersartigkeit (und implizit die Zusammengehörigkeit der Amurriter) betont: «*Wenn sie (die Elamer) bis zum Euphratufer kommen, werden sie sich dann nicht*

*(von uns) unterscheiden wie die Uferfliegen (?), von denen es
(ebenfalls) helle und dunkle gibt?»* Dies ist einer der sehr seltenen Belege für ein Bewußtsein von ethnischen – im Gegensatz
zu kulturellen, sprachlichen oder religiösen – auf physischen
Charakteristika beruhenden Unterschieden, die in altorientalischen Quellen zu finden sind.

### Isin und Larsa

Südbabylonien stürzte nach dem Fall der dritten Dynastie von
Ur nicht in völliges Chaos. Ein ehemaliger Provinzgouverneur,
Ischbi-Erra (2017–1985), sicherte sich die Stadt Isin, von der
aus er die Elamer aus Ur vertrieb und sich eines Teils des Kern-
gebiets des zerfallenen Reichs bemächtigte. Seine Titulatur, die
Parallelen zu jener der Könige der dritten Dynastie aufweist,
und manche literarischen Besonderheiten in den zahlreichen erhaltenen Hymnen auf Könige seiner Dynastie zeigen, daß Ischbi-Erra und seine Nachfolger sich bewußt als legitime Nachfolger der dritten Dynastie von Ur darstellen wollten. Zu dieser
königlichen Selbstdarstellung gehört auch die Abfassung des ersten der altbabylonischen ‹Gesetzbücher› durch den König Lipit-Ischtar, der damit eine von Ur-Nammu, dem Begründer der
dritten Dynastie, begonnene Tradition wieder aufnahm (S. 67).
Den Isin-Königen erwuchs bald ein gefährlicher Widersacher in
Gestalt des amurritischen Königshauses von Larsa, etwas südlich von Isin, das sich ca. 1932 von Isin losgesagt hatte. Die mi-
litärischen Erfolge von Larsa führten zu einer geographischen
Isolation Isins und zu einem wirtschaftlichen und politischen
Niedergang, aber erst dem letzten König von Larsa, Rim-Sin
(1822–1763), gelang es, die alte Rivalin selbst einzunehmen. Zu
diesem Zeitpunkt war schon ein anderer Gegner auf den Plan
getreten, der letztendlich auch Larsa unterwerfen sollte: Hammurapi von Babylon.

## Hammurapi und die Einigung Babyloniens

Die Stadt Babylon war bis zur Thronbesteigung von Hammurapi (1792–1750), dem sechsten König des amurritischen Herrscherhauses dieser Stadt, nur in ihrem engeren geographischen Umfeld eine Macht gewesen, nur einige wenige umliegende Städte gehörten zu ihrem Einflußbereich. Am Ende seiner Regierungszeit erstreckte sich das Reich von Babylon vom Persischen Golf bis nach Mari am mittleren Euphrat. Es war der dominierende Territorialstaat seiner Zeit geworden, nachdem Hammurapi sich gegen seine direkten Widersacher, die Herrscher von Larsa, dem nordbabylonischen Eschnunna, Mari und dem Königreich von Obermesopotamien durchgesetzt hatte. Die Ausgangsposition wird gut durch einen Brief illustriert, in dem es heißt: «*Allein ist kein König stark. 10 oder 15 Könige folgen Hammurapi von Babylon, ebenso viele folgen Rim-Sin von Larsa, Ibal-pi-El von Eschnunna und Amud-pi-El von Qatna, aber 20 Könige folgen Yarim-Lim von Yamchad.*» (Qatna und Yamchad/Aleppo lagen weit im Westen und griffen selten direkt in das Geschehen in Zentralmesopotamien ein.) Diese Jahre gehören zu den bestdokumentierten der babylonischen Geschichte. Die Quellen ermöglichen eine Rekonstruktion der politischen Ereignisse in erstaunlichem Detail und erlauben Einsichten in die Motivationen der handelnden Personen.

Das sogenannte Königreich von Obermesopotamien war ein vom Amurriter Samsi-Addu (ca. 1825–1776) begründeter Territorialstaat, der große Teile Nordmesopotamiens, das Haburgebiet und den Mittleren Euphrat einschließlich Mari umfaßte. Samsi-Addu war ursprünglich Herrscher der Stadt Ekallatum gewesen, mußte aber vor einer eschnunnäischen Invasion nach Babylon fliehen, konnte später zurückkehren und begann, systematisch sein Herrschaftsgebiet zu erweitern, bis er fast ganz Obermesopotamien unter seine Kontrolle gebracht hatte. Samsi-Addu setzte einen seiner Söhne, Yasmach-Addu, als Statthalter in Mari ein, nachdem er die einheimische Dynastie vertrieben hatte. Die Briefe des Königs, die man in Mari gefunden hat, legen lebhaftes Zeugnis vom Charakter dieses energischen Herrschers ab. Wenn das Bild, das Samsi-Addu darin von Yasmach-Addu zeichnet («*Bist du noch ein Kleinkind? Bist du denn kein Mann? Hast du denn keinen Bart am Kinn? Wie lange willst du denn noch dich nicht um dein Haus kümmern?*»), zutraf, verwundert es wenig, daß es diesem und seinem älteren Bruder Ischme-Dagan nicht gelang, das Reich nach dem Tod seines Gründers zusammenzuhalten. Im Osten konnte Eschnunna einige Städte in Nordmesopotamien unter seine Kontrolle bringen, im Westen erlangte Mari unter Zimri-Lim (1775–1762) seine Unabhängigkeit, Ischme-Dagan blieb nur ein kleines Restreich am Tigris.

Eschnunna war der östlichste der wichtigen amurritischen Staaten und stand als solcher stets in Kontakt und manchmal auch im Konflikt mit dem mächtigen elamischen Nachbarn. Über Interna des Reiches gibt es wenig Informationen. Die kulturelle Strahlkraft der Stadt muß jedenfalls beträchtlich gewesen sein: Die im 18. Jahrhundert in Mari am mittleren Euphrat vorherrschende Schreibertradition ist von Eschnunna aus geprägt worden. Nach dem Tod Samsi-Addus erstreckte sich auch der politische Einfluß Eschnunnas weit westwärts über Tigris und Euphrat bis nach Mari, mit dem es zu kriegerischen Auseinandersetzungen kam. Die Macht der Stadt wurde aber gebrochen, als die Elamer, unterstützt von Mari und Babylon, die Stadt 1765 belagerten und einnahmen.

Der Fall Eschnunnas brachte Elam nachdrücklich als politische Großmacht direkt auf die Bühne der innermesopotamischen Auseinandersetzungen. Schon 1764 kam es zu elamischen Einfällen in Nordmesopotamien, die Panik unter den dortigen Vasallen von Mari auslösten, und zu einem großangelegten Angriff auf das Königreich Babylon. Hammurapi, Zimri-Lim von Mari und sogar der König von Aleppo schlossen darauf ein anti-elamisches Bündnis. Angesichts der amurritischen Koalition mußten die Elamer den Rückzug über den Tigris antreten, sie plünderten nochmals Eschnunna und zogen sich darauf gänzlich in ihre Heimat zurück. Eine offenbar für die gesamte amurritische Welt erschreckende Episode war vorbei. Die direkte politische Folge war, daß den Expansionsbestrebungen Hammurapis im Norden und Nordwesten, unter anderem ge-

gen Mari, nach der massiven Schwächung Eschnunnas nichts
mehr im Wege stand. Der neue eschnunnäische König suchte
Hammurapis Wohlwollen; nach Hammurapis Sieg über Larsa
1763, der Babylon endgültig als regionale Großmacht etablierte, schloß er einen Friedensvertrag und ehelichte eine Tochter
des Königs.

Mari, dank der rund 20 000 Tontafeln, die im dortigen Palast
ausgegraben worden sind, in mancher Hinsicht der bestbekannte Stadtstaat des Alten Orients, war ein typisches amurritisches
Königreich mit einer komplexen internen Struktur, die durch die
unterschiedlichen Lebensweisen der halb-nomadischen Amurri-
terstämme in den Steppen und der seßhaften Bevölkerung entlang des Euphrat mit ihrer andersartigen, nicht auf Stammeszu-
gehörigkeit beruhenden Gesellschaftsform geprägt war. Vor der
Eroberung durch Samsi-Addu (ca. 1792) wurde die Stadt von
einer lokalen Dynastie beherrscht, die enge Beziehungen zum
mächtigen Nachbarn im Westen, Aleppo, hatte. Auch Zimri-
Lim, der nach dem Tod Samsi-Addus die Macht in Mari an sich
riß, war ein Angehöriger dieser Familie. Unter seiner Herrschaft
prosperierte die Stadt, obwohl diese Zeit alles andere als friedlich war. Neben den Kriegen mit seinen großen östlichen und
südöstlichen Nachbarn, Eschnunna, Elam und Babylon, mußte
sich Zimri-Lim auch mit aufständischen Nomaden und verschiedenen nordmesopotamischen Kleinstaaten auseinandersetzen.
In den inneramurritischen Konflikten wechselte er mehrfach von
der Seite Babylons auf die Seite Eschnunnas und zurück – ein
militärischer und diplomatischer Balanceakt, der ein katastro-
phales Ende fand, als Hammurapi sich nach der Schwächung
Eschnunnas durch die Elamer 1765, deren definitivem Rückzug 1764 und seinem Sieg über Larsa 1763 gegen Mari wandte,
die Stadt 1762 eroberte und wenig später ihre Mauern schleifen
ließ.

Diese rasch aufeinanderfolgenden Siege Hammurapis waren
die Krönung einer bereits langen Herrschaft, deren erste Jahre
hauptsächlich inneren Angelegenheiten seines Reichs gewidmet
gewesen waren. Hammurapi war es gelungen, Babylon durch
geschickte Diplomatie und Bündnispolitik im überregionalen

Kräftespiel immer gut zu positionieren. Nie mußte er sich Gegnern alleine stellen. Seinen Sieg über den langjährigen südlichen
Widersacher, König Rim-Sin von Larsa, dem er unter anderem
vorwarf, sich nicht an der anti-elamischen Koalition beteiligt zu
haben, errang er z. B. mit Unterstützung mariotischer Truppen,
die ihm Zimri-Lim zur Verfügung gestellt hatte.

Nach seinen außenpolitischen Erfolgen ging Hammurapi an
die Reorganisation seines Reichs und die Konsolidierung seiner
Eroberungen. Dies ist besonders für die neu annektierte Provinz
Larsa gut bezeugt. Land wurde umverteilt, insbesondere an
Bauern, die dem Staat militärdienstpflichtig waren. Die Korrespondenz zwischen dem König und seinen Statthaltern zeigt
diesbezüglich eine erstaunliche Detailkenntnis Hammurapis
und demonstriert, daß er zweifellos versuchte, die ideologisch
motivierte traditionelle Behauptung seiner Inschriften, er sei der
Hirte seines Volks, der sich um dessen Wohlergehen verdient gemacht habe, mit Inhalt zu füllen. Auch die Ankündigung von
generellen Schuldtilgungen und vor allem die Abfassung der berühmten Gesetze zeigen sein Interesse an gesellschaftlicher und
wirtschaftlicher Reform (s. S. 67).

*Abb. 1: Der reliefierte Teil der
Gesetzesstele Hammurapis:
Der König (im Gebetsgestus)
steht vor dem thronenden
Sonnengott.*

## Die erste Dynastie von Babylon
## nach Hammurapi

Die Kontrolle Babylons über Südbabylonien stellte sich bald als schwach heraus. Hammurapis Nachfolger Samsuiluna (1749–1712) sah sich mit einer Revolte konfrontiert, die zunächst noch niedergeschlagen werden konnte. Trotz dieses temporären Erfolgs ging der Süden jedoch noch unter Samsuiluna verloren. Die Auseinandersetzungen führten in Verbindung mit wirtschaftlichen und vielleicht ökologischen Schwierigkeiten infolge von Überschwemmungen zur Entvölkerung vieler alter südbabylonischer Städte, deren Bevölkerung sich dann zum Teil in Nordbabylonien, im Kernland des Reichs von Babylon, ansiedelte. In diese Zeit fällt die endgültige Etablierung der Stadt Babylon als einzig legitimes politisches Zentrum des Landes, die in religiöser Hinsicht zu einem Aufstieg des Stadtgottes von Babylon, Marduk, innerhalb des babylonischen Pantheons führte. Damit waren die wesentlichen politischen und religiös-kultischen Parameter bestimmt, die das Schicksal Babyloniens in den nächsten Jahrhunderten im Inneren bestimmen sollten.

Über die folgenden 150 Jahre konnte die erste Dynastie von Babylon ihr Kerngebiet halten, obwohl das Reich zunehmend unter äußerem und innerem Druck stand. Nicht nur der Süden, wo sich eine eigene Dynastie, die sogenannte Dynastie des Meerlandes, etablierte, war verlorengegangen, auch der Mittlere Euphrat war bald nicht mehr unter babylonischer Kontrolle; dort war das Königreich Hana mit dem Zentrum Terqa entstanden. Innere Schwierigkeiten Babylons scheinen vor allem ökonomischer Art gewesen zu sein: Königliche Schuldentilgungserlasse und andere Indizien deuten auf eine Krise der landwirtschaftlichen Produktion hin. Außerdem kamen zunehmend neue Einwanderer aus dem Nordosten nach Babylonien, die nichtsemitischen Kassiten. Schon im 18. Jahrhundert sind die ersten von ihnen in Nordbabylonien bezeugt. Wie immer in solchen Fällen kam es zu Konflikten, aber auch zu friedlicher Integration: Kassiten wurden manchmal als Söldner eingesetzt oder in geschlossenen Gruppen angesiedelt. Insgesamt wurden sie zunehmend babylonisch akkulturiert und nahmen auch die babylonische Sprache an.

Trotz all dieser Dauerkrisen wurde der ersten Dynastie von Babylon nicht durch die genannten Faktoren, sondern durch Neuankömmlinge im Kräftespiel des Vorderen Orients der Todesstoß versetzt. Das Reich der indoeuropäischen Hethiter war im frühen 17. Jahrhundert in Anatolien entstanden und entwickelte schon bald Expansionsbestrebungen in Richtung auf Syrien und die Levante. Auch das ehemals mächtige Amurriterreich Yamchad mit der Hauptstadt Aleppo fiel einem hethitischen Angriff zum Opfer. 1595 führte der Hethiterkönig Mursili ein Heer bis nach Babylon. Es kann sich um wenig mehr als einen großangelegten Raubzug gehandelt haben, der aber katastrophale Konsequenzen hatte: Babylon wurde eingenommen und zerstört, die für den Kult essentielle Statue des Stadtgottes Marduk wurde geraubt. Der Abzug der Hethiter hinterließ ein Machtvakuum, das, so scheint es, zunächst durch die südbabylonische Meerlanddynastie und wenig später definitiv durch eine kassitische Dynastie, die in Babylon an die Macht gelangte, gefüllt wurde. Die derzeit verfügbaren Informationen ermöglichen nicht, diesen Prozeß im Detail zu rekonstruieren. Auch die Ereignisse in Nordmesopotamien und im syrischen Raum in dieser Zeit liegen weitgehend im Dunkeln. Das Wiedereinsetzen der Quellen ab dem 15. Jahrhundert zeigt jedenfalls eine gänzlich veränderte Staatenwelt.

## Die mittelbabylonische Periode

Ab dem 15. Jahrhundert erscheinen erstmals die Hurriter als signifikanter Machtfaktor. Die Hurriter, Sprecher einer weder semitischen noch indoeuropäischen Sprache, waren schon Anfang des 2. Jahrtausends in Nordmesopotamien ansässig; hurritischer sprachlicher und kultureller Einfluß ist in einem außerordentlich großen Gebiet vom Osttigrisland bis nach Anatolien und in die Levante spürbar. Noch nie hatten Hurriter aber, soweit man weiß, eine politisch bestimmende Rolle gespielt, bis sich im 16. Jahrhundert das Reich von Mittani aus mehreren hurritischen Fürstentümern zusammenschloß und große Teile Nordsyriens (auf Kosten der Hethiter) unter seine Herrschaft brachte. Ein Grund für diese Erfolge dürfte eine militärtechnische Innovation gewesen sein, die die Hurriter in den Vorderen Orient eingeführt hatten: der pferdegezogene Streitwagen, der die Kriegsführung der zweiten Hälfte des 2. Jahrtausends dominieren sollte.

Kennzeichnend für die Politik dieser Zeit war die Interaktion von Großmächten, die den Großteil des Vorderen Orients untereinander aufteilten: Elam im Westiran, das kassitische Babylonien, im Norden das Mittanireich und Assyrien, das ausgehend von seinem Kernland am Tigris erste Schritte zu einem Großreich machte, das Hethiterreich in Anatolien und Ägypten, das zu dieser Zeit einen beträchtlichen Teil von Palästina kontrollierte. Alle diese Staaten waren Territorialstaaten mit bisher unerreichter innerer Kohäsion und Stabilität. In Babylonien bildeten immer noch die einzelnen Städte den Fokus religiöser und kultureller Identität, ihre politische Autonomie war aber definitiv zugunsten einer Zentralregierung mit Sitz in Babylon aufgegeben worden.

Dies war eine Zeit reger internationaler Kontakte auf diplomatischer und ökonomischer Ebene, eine Zeit dynastischer Heiraten und wechselnder Bündnisse und insgesamt die Epoche einer seitens der Herrscher sehr personalisierten, hierarchiebewußten Politik. Seinen klarsten Ausdruck fand dieses System im Austausch von Frauen und von Geschenken. Babylonische Prinzessinnen wurden nach Ägypten und nach Elam verheiratet, und assyrische Prinzessinnen kamen an den babylonischen Hof (nur ägyptische Prinzessinnen wurden nie in die Fremde verheiratet). Geschenke zu schicken und zu erhalten war wesentlich für die Aufrechterhaltung guter internationaler Beziehungen; man diskutierte daher ihren Wert und ihre Häufigkeit sehr offen. Das Medium, das für diesen internationalen Austausch benutzt wurde, war das in Keilschrift geschriebene Babylonisch, das als Verkehrssprache von Ägypten bis nach Elam in Schreiberschulen (mehr oder weniger gut) gelehrt wurde. Der folgende Text, eine Passage aus einem Brief des babylonischen Königs

Burnaburiasch II. (1359–1333) an den Pharao Amenophis IV.,
zeigt die herrschende Mentalität in aller Deutlichkeit. Bemerkenswert ist der Versuch des Babyloniers, die ersten diplomati-
schen Gehversuche der Assyrer unter ihrem König Assur-uballit
(1363–1328) zu hintertreiben: «... *Mein Bruder hat mir jetzt
2 Minen (1 kg) Gold als mein Begrüßungsgeschenk geschickt.
Sollte es viel Gold geben, dann schicke mir so viel wie deine
Vorfahren, sollte es rar sein, schick mir wenigstens halb so viel
wie deine Vorfahren. Warum hast du mir (nur) 2 Minen geschickt? Derzeit ist meine Arbeit an einem Tempel sehr aufwen-
dig, und ich bin von ihr stark in Anspruch genommen. Schick
mir viel Gold. Und was dich angeht, so schreib mir, was immer
du aus meinem Land wünschst, so daß man es dir bringe. ...
Was meine assyrischen Vasallen angeht: Nicht ich habe sie dir
geschickt. Warum sind sie aus ihrem eigenen Willen in dein
Land gekommen? Wenn du mich liebst, sollen sie dort nichts
ausrichten. Schick sie mir mit leeren Händen zurück. Als dein
Begrüßungsgeschenk schicke ich dir 3 Minen guten Lapislazuli
und 5 Pferdegespanne für 5 hölzerne Streitwagen.*»

## Das kassitische Babylonien
## zwischen Assyrien und Elam

Die ersten Phasen der kassitischen Herrschaft über Babylonien
sind nur in Umrissen bekannt. Sie müssen jedenfalls eine Konsolidierung des Staates und eine Zentralisierung der Verwaltung
mit sich gebracht haben. Einem der ersten Herrscher der Dynastie wird die Rückholung der von den Hethitern entführten Mardukstatue und damit die Wiederherstellung von normalen Ver-
hältnissen im Kult zugeschrieben: eine Tat von hoher ideologi-
scher Bedeutung. Auf einer anderen Ebene trugen Innovationen
bei der Landnutzung zu einer Stabilisierung des Reiches bei. Vor
allem außerhalb der alten urbanen Zentren und ihres Hinterlandes, wo die alten Grundeigentumsmuster weiterbestanden, wurden neue Latifundien und Dörfer, deren gesellschaftliche Basis
durch kassitische Stammesstrukturen bestimmt war, gegründet
und ähnlich wie Lehen an Höflinge und Beamte vergeben. So

wurden große Teile des Landes fester an die Zentralgewalt gebunden, als dies in vorhergehenden Perioden der Fall war.

Die Außenpolitik der Kassitendynastie wurde durch die Beziehungen zu dem nördlichen Nachbarn Assyrien und dem östlichen Nachbarn Elam bestimmt, insbesondere durch dynastische Ehen, die unerwartete Folgen zeitigten.

Burnaburiasch II., der in dem oben zitierten Brief Assyrien unzutreffenderweise als seinen Vasallenstaat bezeichnet, hatte tatsächlich eine Tochter des Assyrerkönigs Assur-uballit geheiratet. Als sein Nachfolger, ein Sproß dieser Ehe, in einem Aufstand ums Leben kam, intervenierte Assur-uballit, nahm Babylon ein und setzte einen ihm genehmen Kassiten (seinen Urenkel?) auf den Thron. In der Folge kam es zur Fortsetzung der Grenzstreitigkeiten zwischen den beiden Staaten, die schon längere Zeit andauerten, aber es gab noch keinen assyrischen Versuch, Babylonien dauerhaft unter Kontrolle zu bringen. Dies änderte sich, als der assyrische König Tukulti-Ninurta I. (1243–1207) Babylon eroberte und den babylonischen König Kaschtiliasch IV. gefangen nach Assyrien führte. Er *«zerstörte die Mauer von Babylon, tötete die Einwohner von Babylon und führte die Schätze des (Tempels) Esangila und Babylons als Beute fort.»* Die zitierte Chronik berichtet weiter, Tukulti-Ninurta habe Babylonien einige Jahre selbst regiert und dann Marionettenkönige eingesetzt. Die assyrische Dominanz über Babylonien dauerte rund 30 Jahre, bis es einem neuen babylonischen König, Adad-schumu-usur (1216–1187), gelang, die Unabhängigkeit des Landes wiederherzustellen. Ein ironischer Aspekt des Siegs von Tukulti-Ninurta über Babylon ist, daß sich unter der assyrischen Beute auch Manuskripte von wichtigen Werken der babylonischen Literatur befanden, die die bereits begonnene ‹Babylonisierung› der assyrischen Kultur beschleunigten – ein Prozeß, der letztendlich dazu führte, daß Assyrien im 1. Jahrtausend kaum eine eigene Literatur unabhängig von der babylonischen Tradition entwickelte.

Das Ende der Kassitendynastie kam durch einen Angriff aus Elam. Seit dem Ende des 13. Jahrhunderts fielen elamische Herrscher mehrfach in das babylonische Kernland ein. 1155 führte Schutruk-Nachunte einen schweren Schlag gegen Babylon selbst. Seinem Sohn Kudur-Nachunte wird zusätzlich der Raub der Mardukstatue zugeschrieben: ein traumatisches, in der Literatur mehrfach reflektiertes Ereignis. Der Hintergrund der elamischen Einfälle war ausweislich der späteren literarischen Tradition die Tatsache, daß eine babylonische Prinzessin in das elamische Königshaus eingeheiratet hatte. Daraus leiteten die Elamer, bei denen die Erbfolge über die weibliche Linie erfolgte, aus ihrer Sicht folgerichtig einen Anspruch auf den babylonischen Thron ab – ein Anspruch, den die Babylonier mit ihrem gänzlich anderen Erbrecht natürlich nicht anerkennen konnten (und wollten).

## Die zweite Dynastie von Isin

Der Wiederaufstieg Babyloniens nach den Elamereinfällen ging von der südbabylonischen Stadt Isin aus. Dort etablierte sich eine Dynastie (1157–1026), die dem Land wieder Stabilität geben sollte. Die Regierungszeit des wichtigsten Herrschers dieser Zeit, Nebukadnezar I. (1125–1104), war in religionsgeschichtlicher Hinsicht ein Wendepunkt in der Geschichte Babyloniens. Nebukadnezars wichtigster außenpolitischer Erfolg war sein Sieg über Elam und die Eroberung von Susa. Dabei gelang ihm die Rückholung der von Kudur-Nachunte geraubten Mardukstatue – der triumphale Höhepunkt der Konsolidierung seines Reiches. In diese Zeit fällt wahrscheinlich die ‹offizielle› Positionierung von Marduk an der Spitze des babylonischen Pantheons durch die Abfassung des babylonischen Weltschöpfungsepos *Enuma elisch* (S. 80 f.) und die damit verbundene Proklamierung von Babylon als Zentrum des Universums: die endgültige Ausformung der ‹Staatsideologie› Babyloniens, die bis zum Ende der Eigenständigkeit des Landes Bestand haben sollte.

Politisch war die Zeit nach Nebukadnezar wieder zunehmend von Instabilität gekennzeichnet. Einer der Gründe waren Einfälle semitischer Nomaden aus dem Westen: Aramäer, Sutäer und andere Gruppen plünderten im 11. Jahrhundert einige der wichtigsten Städte Babyloniens und bewirkten eine weitgehende Auflösung der staatlichen Ordnung. Die Spärlichkeit der Quellen für das 11.–9. Jahrhundert ist sicherlich zu einem großen Teil auf diese Unruhen zurückzuführen. Ein weiterer Grund für die geringe Prosperität dieser Zeit war eine Krise der landwirtschaftlichen Produktion, ausgelöst durch eine Verlagerung des Hauptarms des Euphrats nach Westen, wodurch einige der alten Städte eines großen Teils ihres Wassers verlustig gingen. Der archäologische Befund zeigt für diese Zeit eine stark verringerte Bevölkerungsdichte, einen deutlichen Rückgang des Urbanisierungsgrades und gleichzeitig ein Anwachsen des Bevölkerungsanteils, der in Dörfern wohnte, und fügt sich somit gut in das aus den schriftlichen Quellen zu erschließende Bild eines generellen Niedergangs ein.

Seit dem 12. Jahrhundert hatten interne Spannungen und Einfälle von Neuankömmlingen aus der Ägäis zu einem Zusammenbruch des Hethiterreiches und vieler der Staaten des levantinisch-syrischen Raums geführt. Ägypten war nunmehr isoliert, und aus der Sicht der mesopotamischen Staaten Assyrien und Babylonien und Elams war der Weg zum Mittelmeer versperrt. Das internationale Staatensystem der mittelbabylonischen Periode war zerbrochen; die folgenden Jahrhunderte sollten aus babylonischer Sicht ausschließlich durch die Beziehungen zu seinen unmittelbaren Nachbarn Assyrien und Elam geprägt sein. Das Babylonische verlor nun auch seinen Status als internationale Verkehrssprache – für die es in dieser Periode der verengten Blickwinkel wohl auch wenig Anwendungsmöglichkeiten gab. Im Westen entwickelte sich in dieser Zeit die Alphabetschrift. Als mehrere Jahrhunderte später, zur Zeit des neuassyrischen Imperiums, wieder mehr Bedarf nach internationaler Kommunikation entstand, dienten vor allem diese einfach zu erlernende Schrift und das Aramäische als Medium.

## Babylonien im 1. Jahrtausend

Der wesentliche Trend der ersten Jahrhunderte des 1. Jahrtausends war die kontinuierliche Einwanderung von aramäischen und anderen semitischen Stämmen in das alte Kulturland. Die

Präsenz dieser Neuankömmlinge war im Hinterland der Städte früher spürbar als in den Städten selbst, wo die alte babylonische Kultur und die babylonische Sprache fest verankert waren. Im Laufe der Zeit kam es zu einer Akkulturation der eingewanderten Westsemiten, wenn auch nicht in demselben Ausmaß wie rund 1000 Jahre früher im Falle der Amurriter. Aramäische Dialekte blieben Muttersprache großer und stetig anwachsender Teile der Bevölkerung. Zweisprachigkeit muß häufig gewesen sein; Aramäisch und die Alphabetschrift etablierten sich zunehmend neben dem Babylonischen und der Keilschrift als Medium von Recht und Verwaltung. In den letzten Jahrhunderten des 1. Jahrtausends wurden das Babylonische und die Keilschrift zunehmend nur mehr im Umkreis der Tempel, also im religiösen und ideologischen Kernbereich der babylonischen Kultur, verwendet.

Die wichtigste Gruppe unter den Neuankömmlingen waren die Kaldäer (von den nach ihnen benannten Chaldäern, den babylonischen Gelehrten der griechisch-römischen Tradition, zu differenzieren), die ab dem 9. Jahrhundert in West- und Südbabylonien, vor allem entlang des Euphrat und im Delta von Euphrat und Tigris, ansässig waren. Ihre Lebensweise war zu dieser Zeit nur mehr zum Teil die (halb-)nomadische ihrer Vorfahren; sie waren in Stämme aufgeteilt, lebten aber in Dörfern und einigen eigenen, umwallten Städten, vereinzelt auch innerhalb der alten babylonischen Städte. Im südbabylonischen Deltagebiet, im sogenannten Meerland, scheint ihre Prosperität zum Teil auf der Kontrolle des über den persischen Golf laufenden Fernhandels beruht zu haben. Über ihre Sprache ist wenig bekannt. Sie waren wahrscheinlich aramäischsprachige Westsemiten, auch wenn die Quellen sie immer von den «Aramäer» genannten Gruppen differenzieren und manche Forscher einen arabischen Ursprung der Kaldäer vermutet haben.

Die kaldäischen Stämme waren bis ins 7. Jahrhundert fast autonom und nicht oder nur schwer in das Staatsganze einzugliedern, selbst als seit dem frühen 8. Jahrhundert einzelne Stammesführer zu gesamtbabylonischen Königen wurden. Sie waren daher zu einem großen Teil für die geringe politische Stabilität Babyloniens verantwortlich. Andererseits gingen in der Zeit der assyrischen Dominanz über Babylonien die anti-assyrischen Aufstände immer von Kaldäern aus, während die alten babylonischen Städte von den Assyrern sowohl leichter kontrolliert werden konnten als auch sich mit diesen offenbar leichter zu arrangieren bereit waren.

Aramäer waren vor allem in (Süd-)Ostbabylonien entlang des Tigris zu finden. Sie waren weniger urbanisiert als die Kaldäer und spielten – wohl infolge ihrer unsteten (halb-)nomadischen Lebensweise – insgesamt eine geringere politische Rolle als diese.

Eine letzte neue Gruppe von Semiten gewann im Laufe des 1. Jahrtausends zunehmend größere Bedeutung in Babylonien: die Araber. Die Domestikation des Kamels gegen Ende des 2. Jahrtausends ermöglichte eine neue Form des Nomadentums und brachte die Völker der arabischen Halbinsel in Kontakt mit dem Rest des Vorderen Orients.

Die politische Geschichte des Anfangs des 1. Jahrtausends ist nur in groben Umrissen bekannt. Auf die zweite Dynastie von Isin folgte eine Reihe von Dynastien und Königen, von denen man oft nicht sehr viel mehr als die Namen und die (ungefähren) Regierungszeiten kennt. Das wesentliche Problem, vor das sich die Herrscher gestellt sahen, war die Bewahrung der territorialen und verwaltungstechnischen Integrität des Landes angesichts der kaum kontrollierbaren heterogenen Bevölkerungsgruppen. Auseinandersetzungen zwischen alteingesessenen Städtern und westsemitischen Stämmen waren ebenso die Regel wie Rivalitäten zwischen einzelnen Städten. Ein Briefarchiv aus dem 8. Jahrhundert zeigt ein stark fragmentiertes Land, in dem etwa der Gouverneur der zentralbabylonischen Stadt Nippur kaum weniger politisches Gewicht hatte als der König in Babylon selbst, ein Land also, das dem sich ab dem späten 8. Jahrhundert manifestierenden Expansionsdrang des nach einer Schwächeperiode wiedererstarkten nördlichen Nachbarn Assyrien zunächst wenig entgegenzusetzen hatte.

## Babylonien und Assyrien

Bis zur Regierungszeit von Tiglatpileser III. (744–727), mit dem
die assyrische Expansion, die zu dem Großreich des 7. Jahrhunderts führen sollte, ihren Anfang nahm, waren die babylonisch-
assyrischen Beziehungen, von gelegentlichen Auseinandersetzungen an der gemeinsamen Grenze abgesehen, weitgehend
friedlich gewesen. Die Herrscherhäuser waren einander manchmal durch Verträge und dynastische Heiraten verbunden. So
intervenierte der Assyrer Salmanassar III. (858–824) in Babylonien zugunsten seines Verbündeten Marduk-zakir-schumi gegen
dessen aufständischen Bruder. Marduk-zakir-schumi seinerseits
scheint Salmanassars Sohn und Nachfolger Schamschi-Adad V.
(823–811) bei seiner umstrittenen Thronfolge unterstützt zu
haben. Als Schamschi-Adad freilich selbst wenige Jahre später
(vielleicht 814) in Babylonien einfiel, kam er nicht als Unter-
stützer eines einheimischen Herrschers, sondern als Eroberer,
der einige Städte plünderte und möglicherweise eine mehrere
Jahre dauernde Herrschaft Assyriens über Nordbabylonien ein-
leitete. Eine indirekte Folge dieser Auseinandersetzungen war,
daß das Schwergewicht der politischen Macht innerhalb Babyloniens zunehmend in den kaldäischen Süden wanderte und der
Norden auch ökonomisch stark in Mitleidenschaft gezogen
wurde; eine Entwicklung, die sich erst Ende des 7. Jahrhunderts
umkehren sollte.

Das 8. Jahrhundert brachte zunächst eine moderate Konsolidierung der Verhältnisse in Babylonien, zum Teil unter kaldäischen Königen. Nabu-nasir (747–734) gelang als einzigem einheimischen König dieser Zeit, die Herrschaft an seinen Sohn
weiterzugeben. Von der – relativen – Stabilität seiner Herrschaft
zeugt auch die Tatsache, daß unter ihm mit der regelmäßigen
Beobachtung und Aufzeichnung von bestimmten astronomischen Phänomenen und historischen Ereignissen begonnen
wurde – Aktivitäten, die letztendlich zu einem Durchbruch in
der Entwicklung rechnender Astronomie führten (S. 106). Der
folgende Ausschnitt aus einer Chronik zeigt die Unsicherheit
der Verhältnisse selbst unter dieser vergleichsweise stabilen Re-

gierung: «*Zur Zeit Nabu-nasirs verhielt sich (die Stadt) Borsippa feindlich gegenüber (dem nahegelegenen) Babylon, aber über die Schlacht, die Nabu-nasir gegen Borsippa geschlagen hat, ist nichts aufgeschrieben.*»

Mit Tiglatpilesar III. traten die assyrisch-babylonischen Beziehungen in eine neue Phase. Als Reaktion auf die Machtergreifung des Kaldäerfürsten Mukin-zeri in Babylon fiel der assyrische König 731 in Babylonien ein, zwang Mukin-zeri zum Rückzug aus Babylon, nahm Tribut eines anderen Kaldäerfürsten, Marduk-aplu-iddina, entgegen, und bestieg selbst den Thron in Babylon. Sein Nachfolger Salmanassar V. (726–722) konnte sich auf dem babylonischen Thron halten, als jedoch ein anderer Sohn Tiglatpilesars, Sargon II. (721–705), in Assyrien an die Macht kam, nutzte der Kaldäer Marduk-aplu-iddina mit elamischer Hilfe die Gunst der Stunde und machte sich zum babylonischen König. Die Assyrer wurden 720 von den Elamern im Osttigrisland schwer geschlagen, und Sargon mußte die Unabhängigkeit Babyloniens akzeptieren. Erst 710 gelang es ihm, Marduk-aplu-iddina zur Flucht nach Elam zu zwingen und selbst wieder die Herrschaft in Babylon zu übernehmen.

Der plötzliche Tod Sargons bei einem Feldzug im Westen des assyrischen Reiches gab den babylonischen Freiheitsbestrebungen neuen Auftrieb. Marduk-aplu-iddina machte sich wieder zum König, Sargons Nachfolger Sanherib (704–681) konnte ihn aber 703 schlagen und in sein südliches Kerngebiet zurückwerfen. Sanherib richtete nun kein Doppelkönigtum mehr ein, sondern setzte einen Marionettenkönig (702–700) auf den babylonischen Thron, den er aber schon bald durch seinen ältesten Sohn Assur-nadin-schumi ersetzte. 694 unternahm Sanherib einen erneuten Versuch, sich Marduk-aplu-iddinas zu bemächtigen. Während er aber in den südlichen Sümpfen Krieg führte, fielen die Elamer in Nordbabylonien ein, nahmen Assur-nadin-schumi mit Hilfe babylonischer Verschwörer gefangen und führten ihn nach Elam, wo er vermutlich ums Leben kam. In den anschließenden wechselvollen assyrisch-elamisch-babylonischen Kämpfen konnten sich letztendlich die Assyrer durchsetzen. Babylon fiel 689. Diesmal wurde die Stadt von den As-

syrern nicht geschont. Die Götterstatuen, auch die Mardukstatue, wurden entweder zerstört oder nach Assyrien gebracht,
die Mauern geschleift, die Tempelanlagen zerstört: ein angesichts der Bedeutung der Stadt und ihres Kults in der mesopotamischen – nicht nur der babylonischen – Vorstellungswelt
außerordentlich bemerkenswertes Vorgehen. Sanheribs Theolo-
gen und Gelehrte versuchten das Vorgehen durch religiöse und
kultische Reformen zu rechtfertigen, indem sie die babylonische
Marduktheologie einfach zu assyrisieren versuchten, d. h. Marduk durch den Staatsgott Assur ersetzten und die Stadt Assur
Babylons zentralen Platz im Kosmos einnehmen ließen. Sanheribs Babylonpolitik war der Höhepunkt der anti-babyloni-
schen Phase in dem komplexen, vom assyrischen Bewußtsein
der eigenen kulturellen Abhängigkeit von Babylonien und vom
gelegentlichen Umschlagen dieses Bewußtseins in Aggression
geprägten Verhältnis zwischen den beiden Staaten. Wirklich
überzeugend können Sanheribs religiöse Reformen jedenfalls
nicht gewesen sein. Sein Sohn und Nachfolger Asarhaddon
(680–669) machte sie, vielleicht beeindruckt vom gewaltsamen
Ende seines Vaters, das als göttliches Strafgericht für den an Babylon begangenen Frevel gedeutet werden konnte – er war von
einem seiner anderen Söhne ermordet worden –, rückgängig
und begann den Wiederaufbau der Stadt. Seine Politik wurde
von Asarhaddons Nachfolger Assurbanipal (668–627) fort-
gesetzt, der die Mardukstatue nach Babylon zurückbringen und
auch in anderen babylonischen Städten die Tempel restaurieren
und kultische Normalität wiederherstellen ließ.

In Babylonien regierte zu dieser Zeit Assurbanipals Bruder
Schamasch-schumu-ukin. Diese ‹Reichsteilung› erwies sich aus
assyrischer Sicht als fatal, als Schamasch-schumu-ukin, offenbar unzufrieden mit seiner untergeordneten Stellung dem Bruder
gegenüber, Babylon aufwiegelte und eine Reihe von Alliierten –
Elam, Araber, Kaldäer – um sich scharte. Der Aufstand dauerte
von 652–648 und konnte von Assurbanipal nur unter Auf-
bietung aller Kräfte niedergeschlagen werden. Babylon selbst
wurde 648 nach zweijähriger Belagerung eingenommen. Die
Folgen von Krieg und Belagerung müssen furchtbar gewesen

sein; selbst die üblicherweise nüchternen einheimischen Ge-
schäftsurkunden sprechen *en passant* von Hunger und Not, und
Assurbanipal weiß in seinen Inschriften sogar von Kannibalis-
mus unter den Babyloniern zu berichten: «*gegen ihren Hunger
aßen sie das Fleisch ihrer Söhne und Töchter*» und sagt, er habe
nach der Eroberung «*die Leichen der Leute, die ... das Leben
verloren hatten, die Reste des Fraßes der Hunde und Schweine,
welche die Straßen versperrten und die Plätze füllten*» außerhalb der Stadtmauern aufhäufen lassen.

Nachfolger des bei der Einnahme von Babylon ums Leben ge-
kommenen Schamasch-schumu-ukin wurde ein nicht weiter be-
kannter Kandalanu (647–627). Man hat vermutet, daß sich
hinter diesem Namen Assurbanipal selbst verbirgt, beweisbar
ist dies aber nicht. In den 21 Jahren der Regierung Kandalanus
war Babylonien jedenfalls ruhig. Es gibt erste Anzeichen einer
Erholung – dies ist der Beginn eines ökonomischen und demographischen Wachstums, das, trotz aller politischen Wechsel-
fälle der folgenden Jahrhunderte, fast ununterbrochen bis in die
vorislamische Zeit anhalten sollte.

## Das neubabylonische Reich

Nach Assurbanipals Tod 627 begann der Zerfall des ge-
schwächten assyrischen Reiches, das dem Druck, dem es von
außen und innen ausgesetzt war, nicht länger standhalten konnte. In Babylonien bestieg nach einigen Wirren Nabopolassar
(625–605) den Thron. Über seine Herkunft ist nichts Sicheres
bekannt; in seinen Inschriften nannte er sich «Sohn eines Nie-
mand». Der oft glaubwürdige Berossos (S. 11) bezeichnet ihn
als abtrünnigen assyrischen Heerführer; er könnte daher ein
ehemals in assyrischen Diensten stehender Kaldäer- oder Ara-
mäerscheich gewesen sein.

Nabopolassar gelang es nicht nur, die Assyrer aus Babylonien
zu vertreiben, er stieß ab 616 mehrfach in das assyrische Kernland vor und konnte 612 im Bündnis mit den iranischen Me-
dern die assyrische Hauptstadt Ninive erobern und zerstören.
Die Kämpfe mit dem letzten assyrischen König, der von Ägyp-

ten unterstützt wurde, das seine Interessen in Syrien durch ein erstarkendes babylonisches Reich gefährdet sah, dauerten noch bis 609, dann waren die noch verbliebenen Reste assyrischer Macht gebrochen, und Babylonien war in weiten Gebieten Nordmesopotamiens und Syriens an Assyriens Stelle getreten.

Die Herrschaft über Syrien mußte durch weitere Kriegszüge gesichert werden; entscheidend war der Sieg von Nabopolassars Kronprinz Nebukadnezar über die Ägypter bei Karkemisch (605).

In Babylonien setzte sich die wirtschaftliche Erholung, die unter Kandalanu begonnen hatte, fort. Unter Nebukadnezar (604–562) und seinen Nachfolgern erlebte das Land eine bis dahin einzigartige Blütezeit. Davon zeugen nicht nur Tausende von Keilschrifturkunden, sondern auch die gewaltigen Tempel- und Palastbauten und Mauern, durch die Nebukadnezar das Stadtbild von Babylon und anderen großen Kultzentren entscheidend prägte.

Die neubabylonischen Herrscher waren auch außenpolitisch generell erfolgreich. Nebukadnezar unternahm besonders zu Beginn seiner Regierung Feldzüge nach Westen. Mehrfach kam es zu für die Babylonier erfolgreichen Auseinandersetzungen mit ägyptischen Truppen. 597 wurde Jerusalem erobert und der judäische König Jehojakin nach Babylon deportiert, wo er in Rationenlisten der Palastverwaltung genannt wird. Die zweite Eroberung Jerusalems 587, für die es keine direkten außerbiblischen Zeugnisse gibt, endete mit einer Brandschatzung der Stadt und der Deportation von Judäern nach Babylonien (ungefähr zeitgleiche und spätere babylonische Urkunden bezeugen tatsächlich die Anwesenheit von Juden und anderen aus Palästina und der Levante Deportierten in Babylonien). Die Phönikerstadt Tyros wurde belagert, konnte aber nicht eingenommen werden. Einmal zog Nebukadnezar nach Osten, gegen Elam, und nahm möglicherweise auch die Hauptstadt Susa ein.

Nebukadnezars Sohn und Nachfolger Amil-Marduk (561–560) wurde bald von Neriglissar (559–556), einem hohen Beamten unter Nebukadnezar, der möglicherweise sein Schwager und aramäischer Herkunft war, beseitigt. In Chroniken und

Neriglissars eigenen Inschriften hört man nur von einem Feldzug nach Kilikien und verschiedenen Bauprojekten in Babylonien. Sein Sohn hielt sich nur wenige Monate auf dem Thron, bis er vom letzten babylonischen König, Nabonid (555–539), gestürzt wurde.

Nabonid, Sohn eines hohen Beamten und einer Priesterin des Mondgottes Sin aus der nordwestmesopotamischen Stadt Harran (dem letzten Sitz assyrischer Herrschaft), war ein in mancher Hinsicht enigmatischer Herrscher. Seine Feldzüge, über die wenige Details bekannt sind, führten ihn nach Syrien und Kilikien, vor allem aber nach Arabien. Er hielt sich 10 Jahre lang auf der arabischen Halbinsel in der Oasenstadt Teima auf, die er wohl in seinem dritten oder vierten Regierungsjahr erobert hatte. Der Grund für diese lange Abwesenheit von Babylonien, während der unter anderem das Neujahrsfest in Babylon, in dem der König eine wichtige Rolle zu spielen hatte und das der Höhepunkt des kultischen Jahres war (S. 87 f.), nicht stattfinden konnte, ist unbekannt.

Nabonid hinterließ Inschriften, in denen dem Mondgott eine ungewöhnlich prominente Stellung im Pantheon zugeschrieben wird. Obwohl dies höchstwahrscheinlich vor allem als Zugeständnis an lokale Bräuche in Harran, für dessen Sin-Tempel die wichtigsten dieser Inschriften geschrieben wurden, zu verstehen ist, haben manche Forscher vermutet, Nabonid habe eine generelle Kultreform zugunsten des Mondgottes in Übereinstimmung mit seinen eigenen, von seiner Mutter geprägten religiösen Vorstellungen durchführen wollen. Dies sei auf Widerstand der traditionsbewußten Mardukpriesterschaft gestoßen und habe zu inneren Spannungen geführt, die letztendlich den schnellen Fall des Reichs an den Perserkönig Kyros ausgelöst hätten. Diese These beruht auf einer Überinterpretation der genannten Inschriften und zweier Texte, die nach der Eroberung Babyloniens durch Kyros mit der Absicht verfaßt worden sind, die Herrschaft des Persers in Übereinstimmung mit babylonischen religiösen und ideologischen Vorstellungen zu rechtfertigen und die daher Nabonid als archetypischen Unglücksherrscher ohne Respekt für die traditionellen Formen des Kults darstellen.

Tatsächlich verhielt sich Nabonid ausweislich seiner anderen Inschriften, die vor allem Tempelbauprojekte behandeln, abgesehen von der Teima-Episode im wesentlichen den Normen gemäß, die das Verhalten eines babylonischen Königs regelten. Er ließ sich gerne als in der Tradition verehrungswürdiger Vorgänger stehend darstellen, um so seine eigene Herrschaft zu legitimieren. Dies erklärt sein Interesse an Bauinschriften früherer Herrscher, die in den Fundamenten der von ihm restaurierten Tempel gefunden und in seinen eigenen Inschriften oft wortwörtlich zitiert wurden.

### Das Ende der babylonischen Unabhängigkeit

Dem babylonischen Staat erwuchs in den letzten Jahren von Nabonids Herrschaft im von Kyros dem Großen aus der Familie der Achämeniden begründeten Reich der Perser ein letztendlich übermächtiger Gegner. Das achämenidische Kerngebiet bildeten Süd- und Südwestiran, wo die iranischen Perser unter einem gewissen elamischen Einfluß standen. Die westiranischen Meder unter Astyages wurden 550 von Kyros geschlagen, wodurch das ganze iranische Hochland und das Zagrosgebirge in persische Hand kamen. Zur Großmacht wurde das Reich des Kyros endgültig durch die Eroberung großer Teile Kleinasiens nach dem Sieg über die Lyder (um 545). 539 erfolgte der persische Angriff auf das mit den Lydern einst alliierte Babylonien. Es kam zu einer für Kyros siegreichen Schlacht östlich des Tigris, dann fielen in rascher Folge erst die nordbabylonische Stadt Sippar und dann Babylon selbst. Damit kontrollierte Kyros das gesamte babylonische Herrschaftsgebiet von der Levante bis zum Zagros, und das Achämenidenreich hatte in groben Zügen (mit Ausnahme Ägyptens, das erst später erobert wurde) die gewaltigen Ausmaße angenommen, die es bis zu seiner endgültigen Zerstörung durch Alexander den Großen 330 behalten sollte.

Politisch bedeutete die Niederlage 539 das endgültige Ende von Babylonien als eigenständiger politischer Entität. Daran konnten auch ‹nationalistisch› motivierte Aufstände jeweils zu

Beginn der Regierungen von Darius I. (521–486) und Xerxes I. (485–465) nichts ändern.

Die Eroberung durch die Perser brachte in sozialer und ökonomischer Hinsicht keinen radikalen Bruch. Das Land prosperierte wirtschaftlich, von einigen Krisenzeiten abgesehen, bis in die vorislamische Zeit. Auch die alte babylonische Kultur bestand weiter, wenn sie sich auch zunehmend auf den Bereich der Tempel und Tempelgemeinden in den alten Kultstädten zurückzog. Die jüngste bekannte babylonische Tontafel stammt aus dem 1. nachchristlichen Jahrhundert, aber es gibt noch aus dem 3. Jahrhundert n. Chr. Hinweise auf eine fortgesetzte Verwendung der Keilschrift. Dies waren nunmehr die letzten Ausläufer der über 3000 Jahre alten mesopotamischen Kultur. Das Ende kam wahrscheinlich mit der sasanidischen Eroberung Mesopotamiens Mitte des 3. Jahrhunderts.

## 3. Wirtschaft und Gesellschaft

### Wirtschaftsgeographische Grundlagen

Babylonien ist im geographischen Sinn der südliche Teil Mesopotamiens, also etwa jener Teil des heutigen Irak, der südlich von Samarra liegt. Weite Teile Syriens, so auch das Gebiet am Mittleren Euphrat, sind mindestens in einigen Perioden demselben Kulturraum zuzuordnen, sie unterscheiden sich aber in den naturräumlichen und den dadurch determinierten wirtschaftlichen Gegebenheiten stark.

Es sind die beiden großen Flüsse, Euphrat und Tigris, die dem Leben in Südmesopotamien seine charakteristische Prägung verleihen. Sie durchfließen mäandrierend eine außerordentlich flache, nur in ihrem nördlichen Teil leicht reliefierte Schwemmlandebene, die aus Flußsedimenten aufgebaut ist und durch die etwas höher liegende trockene Steppe begrenzt wird. Besonders der langsamer fließende Euphrat, dessen Bett durch die abgelagerten Sedimente über dem Umland liegt, neigt während des Frühjahrshochwassers zu Überschwemmungen, die aufgrund des flachen Reliefs weite Teile des Umlandes unter Wasser setzen können. Solche Überschwemmungen haben oft zu Flußbettverlagerungen geführt – der genaue Verlauf von Euphrat und Tigris im Altertum ist zum Teil noch ungeklärt. In tieferliegenden Gebieten, aus denen Wasser nicht abfließen konnte, bildeten sich Sümpfe. Am größten waren die erst in jüngster Zeit drainierten Schilfsümpfe des Südirak, aber in der Antike gab es Sumpfgebiete dieser Art auch weiter nördlich. Der Übergang zwischen den südlichen Sümpfen und dem persischen Golf war fließend, wobei insgesamt die Küstenlinie im Altertum deutlich weiter nördlich verlief als heute, sich aber offenbar kontinuierlich zurückzog. Es war aber noch im 1. Jahrtausend möglich, auf dem Wasserweg über den Tigris und die Sümpfe in das Delta des Karun oder eines anderen Flusses zu kommen, den man weiter stromaufwärts in das südwestiranische Tiefland hinein bis zur elamischen Hauptstadt Susa befahren konnte.

Die Schilfsümpfe beheimateten eine reiche Flora und Fauna, sonst war – und ist – die natürliche Vegetation spärlich. Die Steppe bietet nur während der feuchten Jahreszeit im Herbst und Winter Weidemöglichkeiten, und entlang der Flüsse und Kanäle gedeihen Buschwerk und Sträucher, aber auch Bäume wie Weiden und Pappeln. Die jährliche Niederschlagsmenge ist gering und reicht bei weitem nicht für eine regelmäßige und sichere landwirtschaftliche Nutzung des Landes aus. Landwirtschaft in Babylonien war und ist demnach immer Bewässerungslandwirtschaft. Die fruchtbaren Schwemmlandböden bieten hierfür infolge des Fehlens eines ausgeprägten Reliefs ideale Voraussetzungen. Im Prinzip kann das gesamte Land zwischen den beiden großen Flüssen kultiviert werden, soweit es durch Kanäle erschlossen wird, wichtig ist aber, einer Versalzung der Böden durch das vor allem im Süden stark salzhaltige Grundwasser durch regelmäßige Brachperioden und durch das systematische Ausschwemmen der Ackerböden vorzubeugen.

Die wesentlichen natürlichen Ressourcen Babyloniens waren also neben dem zentralen Schwemmland und der nur saisonal nutzbaren angrenzenden Steppe selbst nur Wasser, Lehm und Rohr. Salz, Kalkstein und Bitumen, ein wichtiges Baumaterial, sowie in eingeschränktem Maß Holz waren im Prinzip lokal verfügbar, mußten aber dennoch oft importiert werden, ebenso wie z. B. hochwertiges Bauholz und alle Metalle.

Die Umweltbedingungen determinierten in groben Umrissen die Lebensweise der Mesopotamier, die sich vom dritten vorchristlichen Jahrtausend bis in die islamische Zeit in ihren Grundzügen kaum veränderte. Die babylonische Gesellschaft war im wesentlichen agrarisch ausgerichtet, mit einer starken Tendenz zur Bildung größerer urbaner Zentren. Diese Tendenz resultiert mindestens zum Teil aus den Erfordernissen einer Bewässerungslandwirtschaft, die auf ein komplexes, überregional verbundenes Kanalnetz angewiesen ist. Der zweite wesentliche Wirtschaftszweig neben der Landwirtschaft war die Viehzucht. Ochsen waren als Zugtiere unersetzlich, sonst waren Rinder als Fleisch-, Milch- und Lederlieferanten zwar wichtig, aber im Vergleich zu den gewaltigen Schaf- und Ziegenherden von sekundärer Bedeutung. Das wichtigste Produkt dieser Herden war Wolle, das Rohmaterial für die babylonische Textilindustrie. Gewänder und Wollstoffe aller Art waren neben landwirtschaftlichen Gütern das wichtigste Exportgut Südmesopotamiens und somit von entscheidender gesamtwirtschaftlicher Bedeutung, da sie ermöglichten, im interregionalen Handel die wesentlichen Importgüter – Metalle und Bauholz – zu erstehen.

Im folgenden werden die wesentlichen Wirtschaftszweige Babyloniens genauer vorgestellt, ohne daß aber zunächst im Detail auf ihre soziale Einbettung eingegangen wird.

### Die Landwirtschaft

Ackerbau bildete das Rückgrat der Wirtschaft. Getreidefelder entlang der (infolge ihrer Sedimentablagerungen oft leicht über dem Niveau des Umlands verlaufenden) Kanäle konnten sich aufgrund des minimalen Gefälles weit in das Hinterland erstrecken, bis marginales, nur beschränkt kultivierbares Land, das aufgrund des hohen Grundwasserspiegels bald zu versalzen drohte, oder überhaupt Sumpfland ihrer Ausdehnung natürliche Grenzen setzten. Grundsätzlich gilt für alle Perioden der babylonischen Geschichte mit der möglichen Ausnahme der zweiten Hälfte des ersten Jahrtausends, daß nie die unzureichende Verfügbarkeit von Ackerland, sondern stets der Mangel an Wasser und/oder Arbeitskräften bzw. Pflugtieren den wesentlichen limitierenden Faktor des Ackerbaus darstellte. Zugang zu Wasser war – und ist – im Südirak unumgängliche Bedingung für erfolgreichen Ackerbau. Kennzeichnend für das Landschaftsbild waren daher Komplexe sehr langgestreckter Felder, die mit jeweils einer Schmalseite an einem Kanal lagen. Diese Feldform kam auch der üblichen Furchenbewässerung entgegen. Das Wasser wurde dabei in tiefe, parallel zu den Langseiten verlaufende Furchen geleitet und floß aufgrund des geringen, aber doch vorhandenen Gradienten bis zum kanalfernen Ende des Feldes – eine Bewässerungstechnik, die Verdunstungsverluste minimiert, ein beträchtlicher Vorteil angesichts des im Südirak herrschenden Klimas.

Das wichtigste Getreide war Gerste, der weniger salzresistente Weizen war nur von untergeordneter Bedeutung. Bestellt wurden die Felder mit dem Saatpflug, einem ingeniösen Werkzeug, das beträchtlichen Anteil am wirtschaftlichen Erfolg der babylonischen Gesellschaft hatte. Der Saatpflug war mit einem Trichter versehen, durch den das Saatgetreide direkt hinter der Pflugschar in die Furche eingebracht werden konnte. Dies ermöglichte eine sehr arbeits- und ressourceneffiziente Feldbestellung und für die Antike erstaunlich hohe Erträge in Relation zum eingesetzten Saatgut: Ernten vom 24fachen des Saatguts waren nicht ungewöhnlich (im europäischen Mittelalter erzielte man oft nur dreifache Erträge). Die babylonischen Flächenerträge waren aufgrund der lockeren Aussaat natürlich weniger spektakulär; dies war aber ein vergleichsweise geringeres Problem, da, wie oben gesagt wurde, Land in der Regel ausreichend verfügbar war. Der extensive Ackerbau mit Furchenbewässerung unter Verwendung des Saatpfluges war also eine den gegebenen ökologischen und gesellschaftlichen Bedingungen ideal angepaßte Wirtschaftsform.

Gerste war eine Winterfrucht, gesät wurde im Herbst, geerntet im Frühjahr. Eine Sommerfrucht mit einem Erntetermin im Herbst war (und ist) hingegen der Sesam, dessen Öl die wichtigste Quelle für Fett in der traditionellen babylonischen Ernährung darstellte. Der Sesamanbau ist relativ wasseraufwendig und stellte im Vergleich zum extensiven Getreideanbau eine deutlich intensivere Kulturform dar.

Eine noch wesentlich intensivere Form der Landwirtschaft war (ist) aber der für Südbabylonien typische Dattelgartenbau. Hier sind sowohl die Flächenerträge als auch die notwendige Arbeitsleistung wesentlich höher als bei dem extensiven Ackerbau. Die Implikationen dieses Gegensatzes zeigen sich im ersten Jahrtausend deutlich – ab dem späten 7. Jahrhundert ist ein kontinuierliches Anwachsen der Bevölkerung zu beobachten, das eine Verschiebung der Akzente in der Landwirtschaft hervorrief: Ackerland wurde in großem Stil in Dattelgärten umgewandelt, eine extensive Kulturform wurde zugunsten einer intensiven zurückgedrängt. Der Bevölkerungsdruck, der dies erzwang, war zugleich Grundvoraussetzung, da die Dattelgartenwirtschaft wesentlich mehr Arbeitskraft verlangte. Für alle Perioden gilt, daß Dattelgärten (und andere intensive Kulturformen) desto häufiger wurden, je näher das Land zu städtischen Zentren lag. Dies liegt an der besseren Verfügbarkeit von Arbeitskräften und an den geringeren logistischen Schwierigkeiten bei der Vermarktung von spezifisch für den Verkauf angebauten Produkten.

Die sehr salz- und hitzeresistente Dattelpalme bedarf regelmäßiger und reichlicher Bewässerung, weswegen die Dattelgärten immer auf dem besten Land direkt an den Kanälen zu finden sind. Getreidefelder wurden dadurch gegebenenfalls etwas in das Hinterland verdrängt, sie wurden durch Gräben bewässert, die durch die Dattelgärten hindurchführten. Auch Dattelgärten tendierten zu einer langgestreckten Form mit nur einer Schmalseite an einem Kanal. Unter den Dattelpalmen konnten bei besonders intensiver Landnutzung noch anderes Obst – Feigen, Äpfel, Granatäpfel, auch Wein – und Gemüse gezogen werden. Hierbei hatte die Zwiebel (oder der Knob-

lauch – die genaue Übersetzung des entsprechenden babylonischen Wortes ist nicht ganz gesichert) eine gewisse Sonderstellung als manchmal nachweislich im großen Stil für den Markt
angebaute Feldfrucht: Sie muß in der babylonischen Ernährung
eine wichtige Rolle gespielt haben.

### Die Viehzucht

Rinder waren aufgrund ihrer Zugkraft in der Landwirtschaft
unentbehrlich. Die Pflugochsen waren der wertvollste Besitz
eines Bauern; es ist nicht verwunderlich, daß solche Tiere meist
rar waren. Pfluggespanne bestanden normalerweise aus zwei,
seltener aus vier oder aus sechs Ochsen. Esel (oder Kreuzungen
zwischen Haus- und Wildeseln) wurden im Gegensatz zum dritten vorchristlichen Jahrtausend in Babylonien kaum als Pflug-
tiere verwendet, die seltenen und sehr wertvollen Pferde offenbar gar nicht. Einzelne Familien hatten in der Regel nur wenige
Rinder. Die Ernährung von Großvieh war schwierig und teuer,
insbesondere in der Trockenzeit im Sommer. Größere Herden
befanden sich nur im Besitz der Tempel und der Herrscher. Er-
stere bedurften der Rinder nicht nur wegen ihrer Arbeitskraft
und wegen der mit ihrer Hilfe erzeugten Produkte, sondern
auch aus religiösen Gründen: Rinderopfer waren die wertvoll-
sten Tieropfer, die den babylonischen Göttern dargebracht werden konnten.

Esel wurden gleichfalls nicht in großen Herden gehalten. Sie
waren Reit- und Packtiere, aber ihre Bedeutung war im Süden
bei weitem nicht so groß wie in Nordmesopotamien, wo man in
den Texten regelmäßig von großen Eselkarawanen liest. In Babylonien waren aufgrund des dichten Kanalnetzes Boote eine
wesentlich billigere und einfachere Alternative für den Massen-
gütertransport.

Die Schaf- und Ziegenzucht stellte einen wesentlichen Bestandteil der Landwirtschaft dar. Die Herden konnten im Winter in der Steppe und im Sommer an den Rändern des landwirt-
schaftlich genutzten Gebiets und auf den Brachfeldern grasen.
In der Regel wurden nur kleinere Herden permanent in der nä-

heren Umgebung der Städte gehalten. Die größeren Herden mußten in saisonalen Wanderungen auf der Suche nach geeigneten Weidegründen über weite Strecken getrieben werden. Südbabylonische Herden im 1. Jahrtausend zogen z. B. regelmäßig zu Sommerweiden im Zagrosgebirge in Nordostmesopotamien. Dieser regelmäßige Weidewechsel hatte zur Folge, daß die städtischen Eigentümer der Herden – mögen es Privatleute oder Tempel oder Paläste gewesen sein – über lange Zeiträume während des Jahres nicht in Kontakt mit ihren Herden waren. Die Hirten trafen in der Regel nur einmal im Jahr, im Frühjahr, zur Zeit der Schur, für die Jahresabrechnung mit den Eigentümern zusammen.

Das Kleinvieh war der wesentliche Lieferant von Milch und Fleisch. Im religiösen Bereich waren Schafe die gängigsten Opfertiere, was sich auch daran zeigt, daß sich der wichtigste Bereich der mesopotamischen Vorzeichenwissenschaft mit der Interpretation von Omina beschäftigte, die aus den Eingeweiden von Opferschafen gelesen werden konnten. Das wichtigste Produkt der Kleinviehhaltung war aber die Wolle, auf der die babylonische Textilwirtschaft aufbaute.

## Grundnahrungsmittel in Babylonien

Die wesentlichen Grundprodukte, aus denen sich die Ernährung in Babylonien zusammensetzte, waren Gerste, Sesam, Datteln, in eingeschränktem Maße Milchprodukte, vor allem verschiedene Käse, und Fleisch, vor allem vom Schaf. Die Sümpfe boten reiche Fisch- und Vogelbestände.

Die gedroschene Gerste wurde entweder geröstet oder gequetscht und zu einer Art Brei verarbeitet oder gemahlen und in Lehmöfen zu (ungesäuerten oder gesäuerten) Gerstebroten gebacken. Das Mahlen des Getreides erfolgte mit Handmühlen: flachen Steinen, auf denen ein Mahlstein von Hand bewegt wurde. Mechanische Behelfe, Wind- oder Wassermühlen, gab es nicht. Das Mehlmahlen war eine offensichtlich schwere oder jedenfalls unbeliebte Arbeit: Immer wieder liest man, daß im institutionellen Bereich Gefangene dafür eingesetzt wurden. Gerste war auch die Basis des wichtigsten Getränks in Babylonien, eines aus Gerstenmalz gebrauten, wahrscheinlich schwach alkoholischen ‹Biers›. Hierbei wurde die gemälzte Gerste zu einem «Bierbrot» gebacken, dieses wurde danach in Stücke gebrochen, in Wasser aufgeweicht, mit Grieß und/oder Mehl und gelegentlich verschiedenen Würzen versetzt und dann gegoren. Der wesentliche Fettlieferant war Sesamöl. Ergänzt wurde diese Basisdiät durch getrocknete Datteln. Erst im ersten Jahrtausend wurde diese Kombination durch eine Innovation, ein aus vergorenen Datteln hergestelltes ‹Bier›, verändert – auch dies im übrigen vermutlich ein Effekt des erwähnten forcierten Dattelgartenbaus in dieser Zeit. Das traditionelle Gerstenbier spielte nurmehr im konservativen Opferwesen eine bedeutende Rolle.

Die genannten Grundnahrungsmittel erlauben im übrigen, auf einer fundamentalen Ebene der materiellen Kultur zwischen dem mesopotamischen und dem syrisch-levantinischen Kulturkreis zu differenzieren. Gerste, Sesam, Dattel und Bier entsprechen im Westen Weizen, Olivenöl, Feige und Wein.

### Der Handel

Die Rohstoffarmut Babyloniens machte Fernhandel zu einer ökonomischen Notwendigkeit. Wahrscheinlich im wesentlichen finanziert durch den Export von landwirtschaftlichen Überschüssen und von Textilien, brachte der überregionale Güteraustausch nicht nur Metalle und Holz, sondern auch Rohstoffe für das Handwerk wie Farbstoffe oder Beizen oder Luxusgüter wie Lapislazuli und andere kostbare Steine oder seltene Gewürze, Harze und andere Duftstoffe ins Land. Der anatolisch-syrisch-palästinische Raum liefert die meisten Metalle sowie Bauholz, Nahrungsmittel wie Honig oder Wein, Farbstoffe, Harze und Beizen. Bitumen, das wichtige Baumaterial, kam vom Mittleren Euphrat. Zinn kam wahrscheinlich aus Iran oder Afghanistan, ebenso wie Lapislazuli und Stein. Manche seltenen Hölzer und Steine, aber auch Duftstoffe, wurden über den persischen Golf eingeführt; ein wichtiger Umschlagplatz für Güter dieser Art war Tilmun, das heutige Bahrain, von wo aus bis in das Industal gehandelt wurde. Erst im ersten Jahrtausend scheint Südarabien als Lieferant von Räucherwerk und Harzen eine bedeutende Rolle zu spielen. Eine genaue Rekonstruktion der Handelsverbindungen Babyloniens zu verschiedenen Zeiten bleibt eine Aufgabe für die Zukunft. Welche Überraschungen auf diesem Gebiet möglich sind, beweist der Zufallsfund mehrerer Nelken in Terqa, einer Stadt am Mittleren Euphrat, in einer Schicht der altbabylonischen Zeit. Dadurch lassen sich Handelsbeziehungen bis nach Ostasien, vermutlich bis zu den Molukken, nachweisen.

Zahlungs- oder Tauschmittel bzw. Wertmaßstab war im Fernhandel Silber: ungemünztes Silber verschiedener Reinheitsgrade, in Barren- oder Ringform oder in Stücken. Neben diesem Silbergeld (der Terminus Geld ist durchaus adäquat), dessen Kaufkraft für tagtägliche, weniger bedeutende Transaktionen zu hoch war, als daß seine Verwendung wirklich praktikabel gewesen sein könnte, wurden in Babylonien auch Gerste, Datteln und Wolle, manchmal auch andere Metalle, vor allem Kupfer, als Zahlungsmittel verwendet. Gold anstelle von Silber wurde nur während der zweiten Hälfte des zweiten Jahrtausends als Wertmaßstab verwendet.

Binnenhandel ist schwieriger nachzuweisen, weil die Texte normalerweise nicht von Zug-um-Zug-Transaktionen sprechen, bei denen nur geringe Werte involviert sind. Man hat vermutet, daß der überwiegende Teil der Bevölkerung sich entweder weitgehend selbst versorgen konnte oder als Naturalienlohn- oder Rationenempfänger von Tempel- oder Palasthaushalten abhängig war und daher für Güter des täglichen Bedarfs nicht auf Handel und Markt angewiesen war. Diese These ist in dieser Absolutheit sicherlich nicht mehr aufrechtzuerhalten. Es gibt ausreichende anekdotische Evidenz für freien Marktaustausch auf einer tagtäglichen Basis – jede größere Stadt hat etwa ein «Markttor» unter ihren Stadttoren –, aber eine Quantifizierung seiner gesamtwirtschaftlichen Bedeutung ist noch nicht möglich.

Besser bezeugt ist die Vermarktung der Überschußproduktion der Tempel- und Palasthaushalte, die Teile von ihren Erträgen – vor allem Datteln, Gerste, Gemüse, Fisch und Wolle – *en gros* ge-

gen Silber an Zwischenhändler verkauften, die die eigentliche
Vermarktung übernahmen. Die Tatsache, daß derartige Ge-
schäfte im großen Stil funktionieren konnten, beweist, daß es im
Land einen Absatzmarkt für diese Grundnahrungsmittel gegeben haben muß. Im ersten Jahrtausend zeigt sich eine zunehmende Spezialisierung der Produktion der institutionellen Haushalte
und eine dementsprechende Zunahme des wirtschaftlichen Aus-
tauschs zwischen diesen: Im Süden wurde im großen Stil Wolle
produziert, mit der andere landwirtschaftliche Grundprodukte,
vor allem Datteln, auf die man sich im Norden spezialisiert hatte, eingehandelt wurden. Voraussetzung für diese regionalen
Spezialisierungen war die Möglichkeit, Massengüter mit gerin-
gem logistischen Aufwand auf dem Wasserweg transportieren zu
können.

### Das Handwerk

Im Vergleich zu Landwirtschaft und Viehzucht ist das Handwerk in der schriftlichen Hinterlassenschaft Babyloniens deutlich schlechter bezeugt, obwohl einige Urkundengruppen bekannt sind, die einen guten Einblick in bestimmte Sektoren der
urbanen handwerklichen Produktion geben. Generell erfährt
man aber mehr über die Organisation der Produktion und die
soziale Stellung der Handwerker als über die technischen
Aspekte. Besonders im Bereich der Tempel- und Palastarchive
zielte die schriftliche Dokumentation primär auf die Kontrolle
der Ausgaben von kostbaren Rohmaterialien an Handwerker
und des Eingangs der fertigen Produkte. Dementsprechend sind
etwa Metallhandwerker wesentlich besser bezeugt als z. B. Töp-
fer. Der archäologische Befund kompensiert diese Unausgewo-
genheit der Quellen nur zum Teil.

In der Regel dürften die Textilhandwerker die größte Gruppe
unter den Handwerkern gewesen sein: Weber, Walker, Bleicher,
Färber, Wäscher usf. Kaum weniger zahlreich waren die Angehörigen der wichtigsten Berufsgruppen, die sich mit der Herstel-
lung von Nahrungsmitteln beschäftigten: die Bäcker und die
Bierbrauer. Metallhandwerker, im ersten Jahrtausend differen-
ziert in Gold-, Bronze- und Eisenschmiede, sind besonders in

Tempel- und Palastarchiven gut bezeugt, in denen naturgemäß mehr von teuren Metallen die Rede ist als im privaten Bereich.

## Die ökonomischen Akteure und die Struktur der babylonischen Gesellschaft

Zu allen Zeiten war die babylonische Gesellschaft bis zu einem gewissen Grad zweigestaltig, bestand also aus seßhaften und nomadischen bzw. halbnomadischen Elementen. Der seßhafte urbane Sektor ist bei weitem am besten bezeugt.

Die babylonische Stadt ist der «Sitz im Leben» fast der gesamten schriftlichen Dokumentation und daher natürlicher Blickpunkt fast aller philologisch-historischen Forschung. Zudem weisen die alten Quellen selbst eine ideologisch bedingte Tendenz zur Marginalisierung nichtstädtischen Lebens auf. Für die urbanen Babylonier bedeutete allein *Stadtleben* zivilisiertes Leben. Der Nomade, der, wie es in einer literarischen Komposition des frühen 2. Jahrtausends heißt, «in Zelten Wind und Regen ausgesetzt lebt», «keine Opferrituale vornimmt», «(in der Steppe) Trüffeln ausgräbt», «rohes Fleisch ißt» und, «wenn er stirbt, nicht ordentlich begraben wird», wurde verachtet. Zur Relativierung dieses Bildes wird hier eine Tabelle geboten, die den Urbanisierungsgrad Babyloniens in verschiedenen Perioden abschätzen läßt. Die Anzahl der Siedlungen, gegliedert nach Größe – von kleinen Dörfern bis zu großen Städten – und Perioden, in einem großflächig archäologisch untersuchten Teil von Mittel- und Südirak stellt sich wie folgt dar:

| Größe | Altbabylonisch (ca. 2000–1600) | Mittelbabylonisch (ca. 1500–1000) | Neubabylonisch-achämenidisch (ca. 1000–300) | Seleukidisch-parthisch (ca. 300–300 n. Chr.) |
|---|---|---|---|---|
| 200,1+ ha | 1 | – | – | 2 |
| 40,1–200 ha | 7 | 4 | 5 | 4 |
| 20,1–40 ha | 7 | 2 | 6 | 15 |
| 10,1–20 ha | 10 | 7 | 19 | 34 |
| 4,1–10 ha | 45 | 59 | 70 | 95 |
| 0,1–4 ha | 108 | 165 | 157 | 265 |

Die Studie, auf der diese Tabelle basiert, bezeichnet Siedlungen der ersten vier Kategorien als Städte, die anderen als Dörfer. Obwohl diese Grenzziehung bis zu einem gewissen Grad willkürlich ist, ergibt sich aus dieser Tabelle ein Trend zu einer Reduktion des Urbanisierungsgrades von der altbabylonischen zur mittelbabylonischen Zeit und ein allgemeines Bevölkerungswachstum während des 1. Jahrtausends, das zugleich auch zu einem wieder steigenden relativen Anteil von größeren Siedlungen – Städten – führt. Die Tabelle zeigt aber auch, daß trotz des weitgehenden Schweigens der Quellen hinsichtlich der Landbevölkerung deren Anteil an der gesamten Einwohnerschaft Babyloniens keinesfalls unterschätzt werden darf.

Für Babylonier waren Städte primär Herrschaftssitz und religiöses Zentrum. Jede der alten großen Städte hatte ihre eigene Stadtgottheit, die zugleich eine wohldefinierte Rolle im «gesamtbabylonischen» Pantheon spielte. Vor allem im 1. Jahrtausend wurden Städte als Sitz der althergebrachten, göttlichen Ordnung und Kultur gesehen: Achtung vor den Göttern und Achtung vor der Vergangenheit zeigten sich in Respekt und Achtung vor den Städten. Zu diesen ideologischen bzw. religiösen Aspekten kommt noch der rein pragmatische Aspekt der Sicherheit, die die immer umwallten Städte boten, zu den entscheidenden Charakteristika einer babylonischen Stadt hinzu. Dies spiegelt sich in den wesentlichen konstitutiven Elementen der städtischen Gesellschaft, die sich aus den Textfunden rekonstruieren lassen: Diese sind einerseits die institutionellen Haushalte, also die Tempel mit ihren Besitzungen und ihrem Personal, und die Haushalte der Herrscher und ihrer Familien mit ihren Abhängigen (für die letztgenannten hat sich die Kurzbezeichnung «Palast» bzw. «Palasthaushalt» eingebürgert), und andererseits der «Privatsektor», d.h. vor allem die urbane Mittel- und Oberschicht. In den Archiven dieser Familien finden sich immer wieder Hinweise auf Verbindungen zwischen dem privaten Sektor der Wirtschaft und den Institutionen, eine klare Trennung zwischen diesen beiden ist nicht möglich.

## Tempel und Tempelwirtschaft

Die Tempel sind die wesentlichen Kristallisationspunkte der Identität babylonischer Städte. Ihre religiöse und ideologische Funktion wird in Kapitel 5 besprochen; hier interessiert nur ihre Organisation und Funktionsweise als große Wirtschaftskörper. Idealtypisch vereinfachend können die Struktur von Tempelhaushalten und ihre Wirtschaftsform mit dem von K. Bücher, M. Weber und anderen entwickelten *oikos*- oder Haushaltsmodell beschrieben werden. Die Tempel waren demnach im Prinzip autarke ökonomische Entitäten, bei denen alles, was innerhalb des *oikos* (des «Haus(halts)») verbraucht wurde, auch innerhalb des *oikos* produziert wurde. Zur Erzielung dieser Autarkie erstreckten sich die wirtschaftlichen Aktivitäten eines Tempelhaushalts über die vier wesentlichen ökologischen Zonen Babyloniens: die Städte, das Hinterland der Städte, die Steppe und die Sümpfe, die jeweils die Infrastruktur und Voraussetzungen für Verwaltung und Handwerk, Acker- und Gartenbau, Viehzucht, Jagd und Fischfang boten.

Ein Tempelhaushalt war hierarchisch strukturiert: An seiner Spitze stand nominell die Hauptgottheit des Tempels – die Versorgung dieser Gottheit mit den notwendigen Opfern begründete von einem religiösen Standpunkt her die Existenzberechtigung des gesamten Tempelhaushalts; konzeptuell entspricht also die Rolle der Gottheit genau der eines Haushaltsvorstandes in einer patrimonial strukturierten Gesellschaft. Realiter standen dem Tempel natürlich Funktionäre vor, deren Titel mit «Tempelverwalter» oder dergleichen übersetzt werden können. Manche dieser Verwalter hatten auch Funktionen im Kult, aber ihre hauptsächlichen Aufgaben waren administrativer Natur. Ihnen untergeordnet waren zahlreiche andere Verwalter und Aufseher, Schreiber, Kultpersonal verschiedenster Art, wie etwa Opferschauer oder Exorzisten, spezialisierte Handwerker und viele einfache Arbeiter, die vor allem in der Landwirtschaft, der Viehzucht und für Bauprojekte eingesetzt wurden. Diese Tempelarbeiter waren in der Regel rechtlich unfrei, also Hörige des Tempels.

Die Tempel besaßen große Ländereien einschließlich der unverzichtbaren Kanäle. Eine generelle Quantifizierung ist nicht möglich, aber es besteht kein Zweifel, daß in allen Perioden der babylonischen Geschichte ein großer Teil des Landes Tempeleigentum war, die Tempelwirtschaft also einen wesentlichen Anteil an der Gesamtwirtschaft hatte. Dieses Tempelland – sowohl Ackerland als auch Dattelgärten – konnte unter direkter Verwaltung des Tempels von dessen eigenem Personal bestellt, an Tempelfunktionäre nach dem Prinzip Land gegen Dienst als Versorgungsland vergeben oder an Private ohne institutionelle Verbindung zum Tempel verpachtet werden. Die Tempel waren nie in der Lage, ihre gesamten Ländereien vollständig mit eigenem Personal zu betreuen. Selbst bei den direkt verwalteten Ländereien war man zu Zeiten besonders großen Arbeitskräftebedarfs, vor allem während der Ernte, auf saisonal dienstverpflichtete Bevölkerungsteile angewiesen. Die Landwirtschaft war das Rückgrat der gesamten Tempelwirtschaft. Hier konnten vor allem durch den rationellen, arbeits- und ressourcensparenden großflächigen Einsatz des Saatpflugs Überschüsse über die zur Selbstversorgung notwendigen Erträge hinaus erwirtschaftet werden, die die Entwicklung der Stadtkultur mit ihren Großbauten und ihrer Nachfrage nach Importgütern erst ermöglichten.

Die Herden der Tempel, die oft beträchtliche Größen erreichen konnten, waren in der Regel in zwei Teile geteilt. Der kleinere Teil wurde nahe der Stadt oder in Mastställen in der Stadt gehalten und auf die Opferung vorbereitet, der größere Teil war Tempelhirten anvertraut und zog entsprechend dem oben beschriebenen saisonalen Weidewechsel zwischen Winter- und Sommerweiden hin und her und wurde nur einmal jährlich bei der Frühjahrsschur inspiziert.

Die Tempelhandwerker arbeiteten entweder isoliert oder in Handwerkshäusern der Tempel, aber immer nach demselben Prinzip: Sie fertigten mit den ihnen zur Verfügung gestellten Materialien das von ihnen verlangte Werkstück; die diesbezügliche bürokratische Kontrolle beschränkte sich in der Regel auf den Vergleich der ausgegebenen Materialien mit den eingegangenen Produkten.

Tempelabhängige, manchmal auch solche, die über Versorgungsfelder verfügten, wurden durch ein Redistributionssystem – also im Sinne der Rückverteilung des Erwirtschafteten – mit Naturallöhnen versorgt. Dies verlangte eine zentralisierte Speicherung und tägliche oder monatliche Auszahlung der wesentlichen Produkte des Tempelhaushalts – primär Gerste, Datteln, Sesam bzw. Sesamöl, Wolle, Bier – an die Tempelabhängigen. Manchmal wurde auch nur Gerste (und allenfalls Bier) ‹ausgezahlt›: So wurden etwa im 14. Jahrhundert in Nippur an einen Mann ca. 60 Liter Gerste pro Monat ausgegeben, an Frauen zwischen 25 und 40 Liter, an Säuglinge 5 Liter. Dieses System erforderte eine aufwendige bürokratische Kontrolle; es ist kein Zufall, daß Anfang des dritten Jahrtausends die Keilschrift im Kontext der institutionellen Haushalte erfunden worden ist.

Die idealtypische Autarkie, die das klassische *oikos* («Haus(halts)»)-Modell postuliert, hat es in dieser Form freilich nie gegeben. Das redistributive Rationensystem deckte nicht alle Bedürfnisse der darin Eingebundenen: Selbst wenn alle die oben genannten Grundnahrungsmittel in ausreichendem Maß und regelmäßig zur Verfügung gestellt wurden – was keinesfalls immer der Fall war –, waren sie doch allein nicht hinreichend für eine ausgewogene Ernährung. Die Gersterationen allein würden zwar in der Regel den Kalorienbedarf gedeckt haben, hätten aber als einzige Nahrung zu schweren Mangelerkrankungen geführt. Es ist offensichtlich, daß auch Tempelabhängige die Möglichkeit haben mußten, sich zum Teil mittels eigener kleiner Gärten und zum Teil über Märkte, auf denen sie Teile ihres Gerstelohns gegen andere Güter eintauschen konnten, versorgen zu können.

Auch die Tempelhaushalte selbst waren auf ökonomische Kontakte zur Außenwelt angewiesen: Mit ihrem Überschuß an landwirtschaftlichen Produkten und Textilien erwarben sie im Wege des Binnen- und Fernhandels notwendige Güter wie Metalle oder Holz. Die Kaufleute, die für die Tempel diesen Handel betrieben, waren nicht oder wenigstens nicht immer selbst Angehörige der Tempelhaushalte. In der altbabylonischen Zeit etwa gab es unabhängige Kaufmannskorporationen unter einem «Aufseher der Kaufleute», oft mit einem Sitz an den Flußhäfen, den wesentlichen Güterumschlagplätzen. Im ersten Jahrtausend standen die professionellen, kollektiv organisierten Kaufleute oft (immer?) in Staatsdiensten.

Diese Kaufleute unternahmen die Überschußvermarktung für die Tempel in der Regel derart, daß sie die Überschußgüter *en gros* gegen Silber aufkauften – natürlich in der Absicht, beim Verkauf dieser Güter über den dem Tempel gezahlten Preis hinaus einen Gewinn zu machen. Aus der Sicht der Tempel, die ihre Produkte nicht selbst vermarkteten, sondern Dritte damit beauftragten, bedeutete diese vereinfachte Verfahrensweise einen gewissen Einkommensverlust.

Hier zeigt sich die wesentliche strukturelle Abweichung vom Prinzip des autarken Haushalts nach dem *oikos*-Modell: Die Tempel vergaben zunehmend das Recht zur Führung von einzelnen Bereichen ihrer Wirtschaft als Franchisen an Dritte, d. h. an Unternehmer verschiedener Art, verzichteten dabei auf direkte Kontrolle über diese Unternehmungen und erhielten im Gegenzug feste, vorvereinbarte Einnahmen vor allem in leicht zu hortendem und problemlos weiterzuverwendendem Silber, die freilich niedriger waren als das theoretisch zu erwirtschaftende Maximum. Dieser Prozeß begann in jenen Bereichen der Tempelwirtschaft, die besonders schwierig einer direkten bürokratischen Kontrolle zu unterwerfen waren – dem Fernhandel und der Viehzucht. Die Hirten, die die Tempelherden betreuten, arbeiteten oft auf eigene Rechnung: Sie übernahmen die Tiere der Tempel mit der Auflage, eine bestimmte jährliche Vermehrungsrate zu erreichen; Überschüsse durften sie sich behalten, für eventuelle Verluste hafteten sie aber mit ihrem eigenen Vermögen.

Im ersten Jahrtausend haben solche Organisationsformen wesentliche Bereiche der Tempelwirtschaft umgestaltet: Private Unternehmer (oft mit Rückhalt in der königlichen Verwaltung) kontrollierten während des sechsten Jahrhunderts die gesamte Tempellandwirtschaft auf der Basis von Konzessionen wie den oben beschriebenen. Noch später, in hellenistischer Zeit, waren sogar die Vermögensverwaltung und das Rationenwesen eines

Tempels in Babylon in der Hand eines privaten Bankiers: Die unternehmerische Umformung der Tempelwirtschaft war damit in deren innersten Kernbereich, die Redistribution der Güter an die Tempelabhängigen, eingedrungen.

## Der König und die Palastwirtschaft

Babylonische Herrscher – dies gilt sowohl für die rivalisierenden Stadtkönige der amurritischen Zeit als auch für die Könige, die in späteren Jahrhunderten über ganz Babylonien herrschten – bezogen ihre Legitimität aus zwei Quellen: aus ihrer Abstammung von legitimen (oder als legitim dargestellten) Vorgängern nach dem dynastischen Prinzip und aus einer behaupteten Erwählung durch die Götter – bzw. genauer entweder durch den Stadtgott des beherrschten Stadtstaates oder durch den Stadtgott der Hauptstadt Babylon und Herrn des Pantheons, Marduk. Die Königsinschriften, die in Babylonien, anders als in Assyrien, ab der mittelbabylonischen Zeit immer mehr religiöse Aspekte in den Vordergrund stellen, nennen als äußeres Zeichen der göttlichen Erwähltheit Erfolg im weitesten Sinn, d. h. vor allem Frieden und Prosperität des Landes. Usurpatoren bzw. Dynastiegründer betonten diesen letzten Punkt natürlich besonders. Königsepitheta sind eine der besten Quellen für eine Rekonstruktion der Herrschaftsideologie: Die Könige nennen sich in ihren Inschriften «guter Hirte» ihres Landes, sie sind «Könige der Gerechtigkeit», die «die Menschen [ihres] Landes im Überfluß leben lassen», usf. Kriegerische Epitheta wie «starker Krieger» und dergleichen kommen ebenfalls vor, haben insgesamt aber eine geringere Bedeutung als in Assyrien.

Das Verhältnis der babylonischen Könige zu ihren Untertanen läßt sich unter Verwendung von Konzepten, die Max Weber geprägt hat, als traditionale, also ihre Legitimität auf den Glauben an «von jeher» bestehende Ordnungen stützende Herrschaftsform patrimonialer Ausprägung deuten. Letzterer Begriff bezieht sich auf die rein persönliche Bindung der Höflinge und Beamten an den König, die als Angehörige eines Haushalts, einer ‹Familie› im weiteren Sinn, gesehen wurden. Ausdruck findet dies etwa in

*Abb. 2: Eine in Ton modellierte
Nachbildung eines neubabylonischen
Königssiegels auf einer Tontafel.
Der König erlegt einen Wildziegen-
bock mit dem Krummschwert.*

«Vater-und-Sohn»- oder «Herr-und-Knecht (oder Sklave)»-Me-
taphern, mit denen das Verhältnis des Königs zu seinem Beamten, aber auch in einem weiteren Sinn zu all seinen Untertanen beschrieben wurde. Das babylonische Königtum vollzog
jedoch nie, soweit dies erkennbar ist, den Wandel zu einem «Sul-
tanismus», also zu einer «sich in der Sphäre freier traditionsun-
gebundener Willkür bewegende[r] Patrimonialherrschaft» (Weber). Bei aller Machtfülle konnte kein König völlig unbehindert
etwa die Rechte der Tempel oder der alten Kultstädte wie Babylon oder Borsippa mit ihren Abgabeprivilegien beschneiden.

Die Palasthaushalte waren demnach in vieler Hinsicht strukturell und ökonomisch den Tempelhaushalten vergleichbar.
Man findet dieselben Hierarchien – mit dem König anstelle der
Gottheit an der Spitze des Haushalts – und dieselben Organisationsformen. Guten Ausdruck findet diese konzeptuelle Ähn-
lichkeit in Beamtennamen: In Namen wie Hammurapi-ili,
«Hammurapi ist mein Gott», ersetzt der Königsname den Gottesnamen in den häufigen Namen wie Marduk-ili «Marduk ist
mein Gott».

Ideologisch und politisch überwiegen aber die Unterschiede:
Die Tempel waren untrennbar mit den Städten, in denen sie lagen, verbunden, sie erfüllten eine wichtige Funktion innerhalb
der Stadtgemeinde, und ihre Prosperität wurde mit der der
Städte insgesamt gleichgesetzt. Im Vergleich dazu waren die Pa-

läste und die königlichen Institutionen im urbanen Kontext immer eher externe, exploitative Entitäten, die konzeptuell nie voll in die Städte integriert wurden. Die Rhetorik der Königsinschriften betonte die entscheidende religiöse Verpflichtung der Herrscher, den regelmäßigen Gang des Opferwesens in den Tempeln durch Stiftungen und regelmäßige Zuwendungen zu sichern, Tempel gegebenenfalls zu restaurieren und generell für die Aufrechterhaltung der kultischen Ordnung zu sorgen. Diesbezügliche Katastrophen, etwa der Raub einer Götterstatue durch einfallende Feinde, wurden als Zeichen des Zornes des entsprechenden Gottes und letztendlich als Entzug der göttlichen Legitimation des Herrschers interpretiert. Dennoch darf dies nicht verschleiern, daß die Könige de facto die Tempel kontrollierten: Sie konnten in einem beträchtlichen Ausmaß auf ihre ökonomischen Ressourcen zugreifen und die obersten Tempelbeamten ein- und absetzen. Obwohl dem Eingriffsrecht der Könige in Tempelbelange durch Konvention und Tradition Grenzen gesetzt waren, stellten die Tempel realpolitisch keinen unabhängigen Machtfaktor dar.

Im Babylonien des 2. und 1. Jahrtausends waren die königlichen Haushalte viel weiter vom theoretischen Idealtyp eines autarken *oikos* entfernt als Tempelhaushalte. Natürlich gab es Kernbereiche, die zu allen Zeiten dem Modell eines patrimonial strukturierten großen Haushalts entsprachen, wie etwa die Gliederung des Palastpersonals im engeren Sinn. So finden sich, um nur ein Beispiel zu zitieren, im altbabylonischen Palast in Mari Frauenquartiere, in denen nicht nur die weiblichen Mitglieder der königlichen Familie wohnten, sondern auch durch Rationen versorgte Musikerinnen, Schreiberinnen, Wasserträgerinnen, Küchenpersonal, Pförtner usf. Im weiteren ökonomischen Sinn sind die Organisationsformen der Palasthaushalte aber besser als tributär – als auf Abgaben gegründet – zu bezeichnen, d. h. sie beruhten immer weniger auf direkter Verwaltung ihrer Ländereien und Herden sowie der Kontrolle der von ihnen Abhängigen. Die königliche Administration beschränkte sich vielmehr auf die Kontrolle des Eingangs der erwarteten Einnahmen bzw. Abgaben und überließ im übrigen die Abgabeverpflichteten sich selbst bzw. übertrug selbst die Eintreibung der Abgaben an Unternehmer. Immer wieder spielten bei diesen Unternehmungen Kaufleute, die als einzige über das für die verlangten Vorauszahlungen an den Palast notwendige Silberkapital verfügten, eine wichtige Rolle.

Land wurde vielfach auch an Dienstverpflichtete vergeben, die dem König Kriegs- oder Arbeitsdienst sowie Abgaben von ihren Feldern zu leisten hatten. Die kollektive Ansiedlung von derart verpflichteten Personen, oft auf brachliegendem Tempelland im Hinterland der Städte, war zu allen Zeiten eine beliebte Methode der Herrschenden, Neuankömmlinge, vor allem die immer wieder das urbane Hinterland beunruhigenden (halb-)nomadischen Gruppen, in das staatliche Abgaben- und Dienstleistungssystem und vor allem in das Militärwesen einzubinden. Schon früh bestand die Tendenz, in diesem Zusammenhang reale Dienstleistungen in Abgaben, die im ersten Jahrtausend zunehmend in Silber zu entrichten waren, zu konvertieren. In solchen Fällen schoben sich zwischen die abgabepflichtigen Bauern und die staatlichen Strukturen zunehmend Mittelsmänner, die als Steuerpächter Silbervorauszahlungen an den Staat leisteten und die entsprechenden Naturalabgaben von den Bauern eintrieben. Im 1. Jahrtausend gab es auch noch andere Formen der Steuerpacht, etwa die Pacht von Brückenabgaben oder anderen Zöllen. Andere gelegentlich als Franchisen an Unternehmer vergebene Wirtschaftsunternehmungen des Staates waren das Eintreiben von Fisch- und Vogelabgaben, die Schilfrohrgewinnung und die Ziegelherstellung: weitere Beispiele für die untrennbare Verbindung der institutionellen Wirtschaft mit dem privaten Sektor.

## Städtische Privathaushalte

Hiermit sind Kern- oder Großfamilien gemeint, die in eigenen Haushalten ohne oder mit nur schwacher, indirekter Anbindung an institutionelle Haushalte lebten. Generalisierungen hinsichtlich der Familienstrukturen sind problematisch, weil zusammenfassende Studien, die sowohl die archäologischen Relikte, d. h. die ausgegrabenen Privathäuser mit ihrem Inventar, als auch die textlichen Quellen in ausreichendem Maß berücksichtigen, weitgehend fehlen. Generell waren Haushalte mit mehreren verheirateten Paaren selten, sie beschränkten sich in der Regel auf Kernfamilien. Die Babylonier praktizierten meist die Einehe, nur unter bestimmten Umständen waren Nebenfrauen, normalerweise von niedrigerem Status, zulässig. Familien waren hinsichtlich des Erbrechts und des Wohnsitzes patrilinear und normalerweise auch patrilokal, d. h. die Frau zog an den Wohnort des Ehemanns, und das Erbe wurde über die väterliche Linie weitergegeben. Ungeklärt ist, bis zu welchem Grad größere Sippen in enger Nachbarschaft zueinander wohnten oder wie weit andere Aspekte wie Berufszugehörigkeiten die Wohnsitzwahl beeinflußten.

Die verfügbare schriftliche Dokumentation, die die urbane Bevölkerung selbst hinterlassen hat, stammt zu einem überwiegenden Teil von der Mittel- und Oberschicht; die folgenden Seiten müssen sich daher auf Bemerkungen zu diesem Ausschnitt der Gesellschaft beschränken. Von vielen Familien aus diesen sozialen Schichten sind Privatarchive gefunden worden, die zwischen einem Dutzend und mehreren tausend Tontafeln umfassen können. Typischerweise bestehen solche Archive aus den Besitztiteln für die Immobilien und die Sklaven in der Hand der Familie, aus den familienrechtlichen Urkunden (Mitgift-, Heirats- und Adoptionsverträge, Erbeinsetzungen und Testamente), Schuldurkunden und Quittungen, vereinzelt administrativen Notizen und Briefen. Fast immer besaßen diese Familien mindestens ein Haus in und einen Dattelgarten nahe bei (oder ebenfalls in) der Stadt und eine Handvoll Sklaven. Oft hört man auch von Äckern im Hinterland der Städte, aber es hat den Anschein, daß insgesamt der Ackerbau für die urbane Bourgeoisie eine geringere Bedeutung hatte als intensivere Kulturformen wie der Dattel- und Gemüsegartenbau. Dies mag zum Teil ökologische Gründe haben, insofern als besonders im ganz flachen Süden die eingesetzten Ackerbautechniken – Saatpflug und Furchenbewässerung – der gemeinschaftlichen Kultivierung sehr großer Ackerflächen in institutionellem Besitz entgegenkamen, zum

Teil wird die Bewirtschaftung intensiver Kulturen nahe bei der Stadt aus der Sicht von Städtern einfacher und gewinnbringender erschienen sein als Ackerbau im schlechter zugänglichen Hinterland.

Neben der Landwirtschaft betrieben die wohlhabenden Städter vor allem Handel verschiedener Art und Geldverleih. Manche Angehörige der städtischen Oberschicht waren professionelle Kaufleute, aber häufiger beschränkte man sich darauf, als Kapitalgeber in anderer Leute Geschäftsunternehmungen zu investieren bzw. gegebenenfalls eigene Sklaven mit Handelsgütern auszustatten und diese die eigentliche Tätigkeit ausführen zu lassen.

Freie, nicht institutionell gebundene Handwerker finden sich in der Regel nicht unter den Mitgliedern der urbanen Oberschicht, die Archive hinterlassen haben; es ist daher sehr wenig über sie bekannt. Es gibt allerdings Hinweise, daß Tempel- und Palasthandwerker neben ihren institutionellen Verpflichtungen durchaus auch privat, auf eigene Rechnung, ihrem Beruf nachgingen.

Häufig berichten die Quellen, daß Sklaven ein Handwerk oder sonst eine wirtschaftliche Tätigkeit für ihre Eigentümer relativ selbständig ausübten. Sklavenbesitz hat in Babylonien nie Ausmaße wie im klassischen Athen (5.–4. Jh.) oder im Rom der späten Republik (2.–1. Jh.) und Kaiserzeit (1.–3. Jh. n. Chr.) erreicht. Soweit die Herkunft der Sklaven bekannt ist, scheinen sie zu einem großen Teil aus den nordöstlich an Mesopotamien grenzenden Bergländern gekommen zu sein. Meistens trugen sie jedoch babylonische Namen, die keine Rückschlüsse auf ihre Herkunft zulassen. Selbst reiche Familien verfügten normalerweise nur über eine kleinere Anzahl von Sklaven und Sklavinnen (über 100 Sklaven im Besitz einer Familie, wie einmal im 6. Jahrhundert in Babylon bezeugt, sind eine Ausnahme). Sklavinnen sind ein typischer Bestandteil von Mitgiften; sie wurden Frauen als Hilfen und vermutlich auch Gefährtinnen mitgegeben, wenn sie aus dem Haushalt ihres Vaters in den Haushalt ihres Mannes wechselten. Der Einsatz von Sklaven in der Landwirtschaft spielte keine große Rolle. Größere private Lände-

reien wurden in der Regel nicht vom eigenen Personal der Eigentümer bestellt, sondern verpachtet.

Geld- und Naturalienverleih gegen Zinsen war Anfang des
2. Jahrtausends zu einem großen Teil eine Domäne der Kaufleute, weil nur diese über das notwendige freie Kapital verfügten. In späterer Zeit war dergleichen in der städtischen Mittel-
und Oberschicht allgemein üblich. Die üblichen 20% Zinsen im
Jahr auf Silber, manchmal $33^{1}/_{3}$% auf Naturalien machten den
Geldverleih zu einer lukrativen Einnahmequelle für die Verlei-
her. Im 1. Jahrtausend war das Verleihen von kleineren Geldbe-
trägen eine sehr beliebte Möglichkeit für Frauen, Teile ihrer
Mitgift gewinnbringend anzulegen. Die Höhe der Zinsen war
im übrigen die gesamte babylonische Geschichte hindurch einigermaßen konstant; sie beruhte primär nicht auf ökonomischen
Gegebenheiten (es gab keinen Kapitalmarkt), sondern auf von
der Metrologie beeinflußtem Gewohnheitsrecht: Sowohl 20%
als auch $33^{1}/_{3}$% erlaubten bei den verwendeten Maßeinheiten
und dem üblichen Zahlen- und Kalendersystem einfache Be-
rechnungen von Monats- und Jahreszinsen. Das Konzept von
Zinseszinsen war bekannt, sie wurden aber selten erhoben.

Zusätzlich zu den unabhängigen wirtschaftlichen Aktivitäten
der Bourgeoisie gab es eine Reihe von Bereichen, in denen sie
mit den institutionellen Haushalten, also mit den Tempeln und
Palästen, in Geschäftsbeziehungen trat.

Die alteingesessene Oberschicht, im ersten Jahrtausend vor
allem solche Familien, die ihre Abstammung von einem (fikti-
ven?) Ahnherren ableiten, dessen Name häufig in die Kassiten-
zeit zurückweist, bildete das Rückgrat der Tempelverwaltungen
und stellte die wichtigsten Kultfunktionäre. Manche der höchsten Ämter in den Tempeln waren mehr oder weniger erblich
bzw. gingen regelmäßig an Angehörige derselben Familien. Die
Verschränkung zwischen den Amtsgeschäften und den privaten
Geschäftsunternehmen war bei Funktionären dieser Art beträchtlich; nicht immer können Urkunden sicher dem einen
oder anderen Bereich zugeordnet werden. Es würde aber zu
weit gehen, zu vermuten, daß überhaupt kein Unterschied gemacht und Tempeleigentum von diesen obersten Beamten in je-

der beliebigen Weise dem eigenen Vermögen zugeschlagen wurde. Veruntreuungen kamen natürlich vor, wurden aber (im Prinzip) bestraft. Grundsätzlich war das Amtsverständnis dieser Funktionäre durchaus bürokratisch und nicht patrimonial – im letzteren Fall wäre die Unterscheidung zwischen privaten und Amtsgeschäften nicht durchgeführt worden.

Die Mitwirkung der städtischen Mittel- und Oberschicht an den Opfer- und sonstigen Ritualen in den Tempeln wurde über die Vergabe von Tempelpfründen geregelt, also über Rechte auf Einkommen aus dem Tempelbereich und durch Vergabe von Versorgungsfeldern, jeweils als Vergütung für bestimmte wohldefinierte und zeitlich beschränkte kultische Dienste. Das babylonische Wort für Tempelpfründe bedeutet eigentlich «Los» und verweist damit auf den ursprünglichen Verteilungsmodus, der die Zuweisung der Ämter den Göttern übertrug, die ihren Willen durch Losorakel kundtaten. Typische Pfründenberufe waren etwa Bäcker, Brauer und Schlächter – also Berufe, die mit der Vorbereitung der Opfermahlzeiten für die Götter befaßt waren, oder z. B. Sänger und Beschwörer: Kultpersonal im engeren Sinn. Ursprünglich wurden diese Dienste bzw. Pfründen für längere Perioden vergeben, etwa für ganze Monate. Durch Kauf und Vererbung wurden sie aber im Laufe der Zeit immer weiter gestückelt (im 3. Jahrhundert wurden in Uruk kleinste Bruchteile von Tageseinkommen gehandelt). Dies förderte die Tendenz, Einkommen und damit verbundene Dienstleistung voneinander zu trennen. Besonders die Eigentümer von Pfründen, die mit der Verarbeitung der Opfermaterialien zu tun hatten und von denen keine unmittelbare Dienstleistung vor der Gottheit erwartet wurde, begannen zunehmend, Dritte für die Arbeit anzumieten.

Das Pfründenwesen hatte in der Spätzeit in einer zunehmend hellenistisch beeinflußten Umwelt eine wichtige integrative Funktion, indem es durch die mit ihm verbundenen ökonomischen Vorteile die Tempelgemeinde eng an die Institution band. Damit trug dieses System nicht unbeträchtlich zu dem langen Weiterbestehen der Tempel als typisch babylonische Institutionen unter sonst gänzlich neuen Bedingungen bei.

Eine letzte charakteristische Art des Verkehrs zwischen Bourgeoisie und Institutionen (Tempeln und Palästen) war die oben schon erwähnte Funktion von Privatleuten als Franchisennehmer, also als Unternehmer, die gegen vorvereinbarte Zahlungen die Führung von einzelnen wirtschaftlichen Operationen der Institutionen auf eigene Rechnung unternahmen.

Auffälligerweise war die urbane Oberschicht mindestens im 1. Jahrtausend nur schwach in die königliche Verwaltung eingegliedert, königliche Beamte stammten in der Regel nicht aus diesen Familien. Dies ist ein weiterer Hinweis auf die geringe Integration der Paläste bzw. Palasthaushalte in die Kernbereiche des städtischen Lebens.

## Die Landbevölkerung

Die Bevölkerung des Hinterlandes der Städte und des freien Landes kann in einen seßhaften und einen nicht oder nur bedingt seßhaften Teil geschieden werden. Es wird zu allen Zeiten Bevölkerungsteile gegeben haben, die in Dörfern lebten und ausschließlich Eigenversorgung, also Subsistenzlandwirtschaft betrieben. Sie liegen jedoch weitgehend außerhalb des Blickwinkels der schriftlichen Dokumentation, die ja fast ausschließlich städtischen Ursprungs ist. Archäologische Oberflächenbegehungen in Mittel- und Südbabylonien haben zwar die Existenz von zahlreichen kleinen Siedlungen in allen Perioden nachgewiesen (man vergleiche die oben auf S. 49 gegebene Tabelle); diese auf datierbarer Keramik basierenden Untersuchungen können aber den administrativen Status der einzelnen Dörfer nicht klären: Zwischen einer Ansiedlung z. B. von Tempelabhängigen, die ein Tempelgut bewirtschafteten, und einem Dorf von unabhängigen Bauern läßt sich mit diesem Instrumentarium kein Unterschied erkennen. Indirekt kann die Existenz unabhängiger Dörfer daraus erschlossen werden, daß die großen institutionellen Haushalte über ein Arbeitskräftereservoir verfügen konnten, das ihnen half, saisonale Engpässe, vor allem bei der Ernte, zu überbrücken, das sie aber nicht das ganze Jahr über versorgen mußten.

Ein wichtiger Faktor im Hinterland der Städte waren die in geschlossenen Gruppen angesiedelten Dienstverpflichteten (Soldaten und/oder Arbeiter) des Staates, die oben bereits erwähnt wurden. Da diese Dörfer oft von ehemals nomadischen oder halbnomadischen Stämmen bewohnt wurden, die erst durch ihre Dienstverpflichtungen in die institutionelle Wirtschaft der Städte eingegliedert worden waren, bildeten sie ein wichtiges Bindeglied zwischen der urbanen Welt und der nichtseßhaften Bevölkerung Babyloniens, die die an das bewässerbare Kulturland grenzende Steppe und zum Teil auch das Hinterland der Städte selbst dominierten.

Die Steppe an den Grenzen des bewässerten Schwemmlandes Südbabyloniens und des Regenfeldbaugebiets in Nordbabylonien ist ideal für eine halbnomadische Lebensweise von Kleinviehzüchtern geeignet, die unter günstigen Umständen, etwa nach reichlichen Regenfällen, auch Ackerbau betreiben. Das Eindringen solcher Nomaden in das Kulturland darf nicht als (immer) kriegerische und für die Städter bedrohliche Entwicklung vorgestellt werden. Natürlich gab es auch Konflikte und kriegerische Auseinandersetzungen zwischen den Seßhaften und den Nomaden, insbesondere in Perioden, in denen es Versuche von sehr großen nomadischen Gruppen gab, in das Kerngebiet von Babylonien einzudringen, wie das etwa gegen Ende des 3. Jahrtausends der Fall war, als Amurriter das Reich der Dritten Dynastie von Ur bedrängten oder als Babylonien in ähnlicher Weise Ende des 2. und Anfang des 1. Jahrtausends einer Einwanderung von Aramäern ausgesetzt war. Auf die ideologisch bedingte Ablehnung, die Stadtbewohner gegenüber «unzivilisierten» Nomaden empfanden, wurde bereits oben (S. 49) hingewiesen. Umgekehrt existieren (im Briefarchiv von Mari) Selbstzeugnisse von Amurritern, die sich stolz zu ihrem nomadischen Ethos bekennen: «*Wenn ich auch nur einen Tag in einem Haus bleibe, bin ich betrübt, bis ich hinauskomme und (wieder) frei atmen kann.*»

Trotz dieser Mentalitätsunterschiede und der bisweilen kriegerischen Auseinandersetzungen war aber das (mehr oder weniger) harmonische Nebeneinanderbestehen zweier entgegengesetzter Lebensweisen in ein und demselben geographischen Raum der Normalfall: Babylonien war also Heimat einer zwei-gestaltigen Gesellschaft. Ökonomisch verkehrte die Hirtenwelt der Nomadenstämme mit der Welt der seßhaften Städter vor allem dann, wenn Nomaden mit der Betreuung von Herden be-auftragt wurden, die Städtern bzw. urbanen Institutionen ge-hörten. Die Tiere wurden oft nomadischen Hirten für die üb-lichen saisonalen Wanderungen auf der Suche nach geeigneten Weideplätzen anvertraut.

### Recht und Rechtsprechung

Einer der wichtigsten ideologischen Ansprüche, die an einen er-folgreichen Herrscher gestellt wurden, war, Recht und Gerech-tigkeit im Lande zu sichern. In den Worten Hammurapis von Babylon: «*Damit der Starke dem Schwachen kein Unrecht tue*», habe er seine Gesetze erlassen. Dies bedeutet, daß die Könige letztendlich die höchste de-facto-Autorität in Rechtssachen wa-ren. Andererseits konnten sie auch hier, wie in anderen Belan-gen, nicht losgelöst von althergebrachten Normen agieren. Der gesamte alte Orient hatte an grundsätzlich derselben Gewohn-heitsrechtstradition Anteil, die in jeweils durch lokale bzw. zeit-gebundene Umstände beeinflußten unterschiedlichen, aber im-mer strukturell ähnlichen Ausprägungen zum Ausdruck kam. Auf diese Weise erklären sich etwa die häufigen Parallelen zwi-schen dem israelitischen Rechtskreis, wie er sich in der Thora, den fünf Büchern Mose, darstellt, und den verschiedenen meso-potamischen Rechten.

In Babylonien gab es verschiedene Ebenen der Rechtspre-chung. Selbstjustiz war zumindest in manchen Fällen zulässig. Wenn der Kodex Hammurapi bestimmt, daß Plünderer eines brennenden Hauses in eben jenes Feuer geworfen werden sol-len, dann kann nicht beabsichtigt gewesen sein, dies erst nach Abschluß eines formellen Verfahrens zu tun.

Die wohl am leichtesten zugänglichen Institutionen der Rechtsprechung waren solche der (teilautonomen) städtischen Selbstverwaltung: Stadt- oder Stadtviertelgerichte, Bürgerversammlungen, Ältestenräte, die oft gemeinsam mit oder unter dem Vorsitz von den obersten Tempelbeamten des Haupttempels zusammentraten. Die reine Tempelgerichtsbarkeit betraf primär Angehörige der Tempelhaushalte. Es gab Königsrichter und andere Funktionäre, die im Namen des Königs Recht sprachen – über ihre Ausbildung, Herkunft und die Art und Weise ihrer Bestellung ist wenig bekannt –, und es gab natürlich das königliche Gericht selbst. Eine besondere Institution des 1. Jahrtausends, die sowohl in Babylonien als auch in Assyrien bekannt war, stellte der Brauch dar, direkt den König anzurufen, indem man sich – in der Öffentlichkeit bzw. vor Zeugen? – auf das «Wort des Königs» bezog. Personen, die derartiges getan hatten, waren direkt vor den Herrscher zu führen.

Als Beweismittel dienten im Prozeß primär Zeugenaussagen und Urkundenbeweise, wobei mindestens ursprünglich Urkunden vor allem memotechnische Behelfe waren; entscheidend war das menschliche Zeugnis. Häufig wurden zur Wahrheitsfindung Eidesleistungen im Tempel vor Götterstatuen oder Symbolen oder in der Nacht, angesichts der (als Götter vorgestellten) Gestirne, angeordnet – unter der Annahme, die schuldige Partei werde im Angesicht der Götter vor einem falschen Eid zurückschrecken, was auch tatsächlich bezeugt ist. Eine weitere Alternative waren Ordalentscheidungen, also Gottesurteile. Bei unzureichender Beweislage wurden also die Götter zur Entscheidung aufgerufen. Ordale waren in Mesopotamien immer Wasserordale: Man mußte, manchmal unter erschwerten Bedingungen, etwa mit einer Last (einmal werden Mahlsteine genannt), einen Wasserlauf durchschwimmen oder einfach nur schwimmen. Es gab in altbabylonischer Zeit unilaterale Ordale, d. h. nur die beklagte Partei mußte sich der Prozedur unterziehen, später hatten dies beide Parteien zu tun. Fälle, bei denen eine Partei hierbei ums Leben kam, sind nicht selten. Verweigerte eine Partei, sich der Prüfung zu stellen, kam dies einem Schuldeingeständnis gleich.

Die Folter als Mittel der Wahrheitsfindung in einem Prozeß ist in Mesopotamien vor der hellenistischen Zeit (spätes 4. Jh.–1. Jh.) nicht sicher nachweisbar. Ihr Auftreten (bezeugt ist die

Verwendung von «Befragungsleitern»: Streckbänken?) mag eine Folge griechischen Einflusses sein.

Das Gewohnheitsrecht, das den konkreten richterlichen Entscheidungen, von denen man in Rechtsurkunden liest, zugrunde lag, war meistens nicht schriftlich niedergelegt. Wie oben gesagt, konnte dieses gesamt-vorderorientalische Basisrecht in lokal sehr unterschiedlichen Formen erscheinen. Solche Ausformungen sind etwa die sogenannten Rechtssammlungen oder Gesetze. Aus Babylonien erhalten sind der Kodex Lipit-Ischtar (Ende des 20. Jahrhunderts), benannt nach dem ihn erlassen habenden König von Isin, die Gesetze von Eschnunna (18. Jahrhundert), der Kodex Hammurapi (18. Jahrhundert) und ein neubabylonisches Gesetzesfragment, wahrscheinlich aus dem 7. Jahrhundert. Es sind dies im wesentlichen Sammlungen von individuellen Rechtssätzen in kasuistischer Form: «*Wenn ein Mann den minderjährigen Sohn eines (anderen) Mannes entführt hat, soll er getötet werden*» (§ 14 des Kodex Hammurapi). Oder: «*Wenn ein Mann einem (anderen) Mann ein Auge geblendet hat, soll man ihm ein Auge blenden*» (§ 196). Die behandelten Themen reichen vom Strafrecht über das Familienrecht bis hin zu Tarif- und Preisfestlegung. Aber selbst die längste dieser Sammlungen, der Kodex Hammurapi, ist kein erschöpfender Kanon des zeitgenössischen Rechts, sondern behandelt ausgewählte Fälle. Zudem beziehen sich die zahlreichen zeitgenössischen Urkunden nie explizit auf den Kodex bzw. widersprechen ihm zum Teil sogar; er ist also nicht nachweisbar jemals angewandt worden. Die genaue Zweckbestimmung von Sammlungen dieser Art ist umstritten. Die Forschung neigt heute zu der Ansicht, den Ursprung der Rechtssammlungen in den Schreiberschulen und in den Kompilations- und Editionspraktiken der dort geübten babylonischen Wissenschaft zu sehen, für die das Sammeln von Einzelbeobachtungen (im gegebenen Fall aus dem Fundus des Gewohnheitsrechts) und das analogische Anwenden daraus abgeleiteter (aber nie explizit und abstrakt formulierter) Prinzipien auf ähnliche Sachverhalte typisch ist. Strukturell entsprechen die Rechtssammlungen diesbezüglich anderen ‹wissenschaftlichen› Textgattungen wie Listen von ominösen Vorzeichen oder medizini-

schen Sammlungen. Der Grund ihrer Abfassung ergibt sich aus
ihren Pro- und Epilogen, Propagandainschriften der jeweiligen
Könige, denen diese Sammlungen zugeschrieben werden. Sie mögen zwar aus der Schule stammen, gedacht waren sie aber als Teil
der königlichen Selbstdarstellung als «Hüter der Gerechtigkeit».

Den Gesetzessammlungen verwandt sind die sogenannten
«Gerechtigkeitsedikte» mancher altbabylonischen Könige. Dies
sind dekretierte Schuldentilgungen für Privatpersonen (unter
genau festgelegten Bestimmungen: Schulden, die etwa aus Geschäftsunternehmen resultieren, werden explizit ausgenommen).
Diese Edikte waren Versuche der Könige, dirigistisch in die Wirtschaft einzugreifen und einer Krise, die aus landwirtschaftlichen
Schwierigkeiten und der zunehmenden Verschuldung der Pro-
duzenten vor allem bei Abgabenpächtern und Kaufleuten resultierte, entgegenzutreten. Diese Edikte sind nachweislich angewandt worden, ihr Effekt war in der Regel aber nur von kurzer
Dauer.

### Frauen und Recht

Dieser Themenbereich wird hier als Beispiel für babylonisches
Privatrecht vorgestellt. Es wurde schon gesagt, daß die babylonische Familie patrilinear und patrilokal war: Der Erbgang verlief primär nach der männlichen Linie, und Familien wohnten
im Haus des Mannes. Position und Rechte der Frauen bzw. der
weiblichen Linie mußten in einem solchen gesellschaftlichen
Kontext oft durch Urkunden explizit gemacht werden. Bei ihrer
Heirat wechselte eine Babylonierin in der Regel aus dem Haushalt (und der rechtlichen Gewalt) ihres Vaters bzw. eines anderen männlichen Verwandten in den Haushalt ihres Ehemannes.
(Frauen dürften bei ihrer ersten Verehelichung rund 14–18 Jahre alt gewesen sein, Männer 6 Jahre älter.) Nur in Ausnahmefäl-
len, vor allem bei Witwen, kam es vor, daß eine Frau nicht im
Haushalt bzw. unter der Autorität eines Mannes lebte. Solche
Witwen waren auch die einzigen Frauen, die (im Falle einer
Wiederverheiratung) Eheverträge im eigenen Namen abschlie-
ßen konnten: Sie, und nicht wie sonst ihre Väter oder Brüder,
waren dann die Vertragspartner des prospektiven Bräutigams.

Bei einer Eheschließung kam es zum Transfer von Gütern, vor allem zur Auszahlung der Mitgift an den Bräutigam. Frauen galten mit ihrer Mitgift als erbrechtlich abgefunden. Die Mitgiften wurden, wenn sie, wie in der Oberschicht üblich, substantiell waren, detailliert in Urkunden festgehalten: Sie waren der eigentliche Grund für die Ausstellung der Heiratsurkunden. Typischerweise umfaßten Mitgiften etwas Acker- oder Gartenland, Sklaven und/oder Sklavinnen, Silber, Hausrat verschiedenster Art (Möbel, Gefäße und andere Utensilien) und Gewänder. Die schriftliche Festlegung war notwendig, weil die Mitgiften zwar im Prinzip von den Ehemännern genutzt werden konnten, aber jedenfalls in der weiblichen Linie, also an die Kinder der Ehefrau, weitergegeben werden mußten. Oft wurde die Mitgift erst dann vollständig ausgezahlt, wenn aus der Ehe Kinder hervorgegangen waren. Falls die Ehe geschieden wurde, war die Mitgift zurückzuzahlen. Die Prozeßurkunden, die Klagen von Ehefrauen gegen ihre Ehemänner im Zusammenhang mit der Mitgift behandeln, sind zahlreich: Mißbräuche müssen häufig gewesen sein, wurden aber durchaus sanktioniert.

Bestimmte Klassen von Frauen standen außerhalb der eben beschriebenen Norm. Dies waren z. B. Sklavinnen und Hörige, deren Möglichkeiten zur Familienbildung eingeschränkt waren, und am anderen Ende des gesellschaftlichen Spektrums die vor allem altbabylonisch bezeugten *nadītu*-Frauen: Frauen aus Oberschichtfamilien (auch Königstöchter sind als *nadītu*s bezeugt), die ein Nahverhältnis zu einer bestimmten Gottheit hatten und meistens in klosterartigen Komplexen, innerhalb derer aber in eigenen Häusern, wohnten. Über ihre religiöse Funktion ist wenig bekannt; es dürfte jedenfalls nicht ganz zutreffend sein, sie als «Priesterinnen» ihrer jeweiligen Gottheit zu bezeichnen. Man konnte sie aber sehr wohl um Fürsprache bei dieser Gottheit bitten. Das Wort *nadītu* selbst heißt «die Brachliegende» – von diesen Frauen wurde sexuelle Enthaltsamkeit oder jedenfalls Kinderlosigkeit verlangt, offenbar selbst dann, wenn sie sich, wie die *nadītu*-Frauen des Gottes Marduk, verehelichen konnten. Anderen *nadītu*s war dies verwehrt. Die Mitgiften, vor allem Land und Sklaven, die diese Frauen von ihren Familien ausbezahlt erhielten, obwohl sie nicht verheiratet waren, fielen nach ihrem Tod wieder an ihre Brüder oder sonstigen Verwandten zurück, es sei denn, die *nadītu* hatte eine andere *nadītu*, üblicherweise eine jüngere Verwandte, adoptiert und als Erbin eingesetzt.

*Nadītus* waren oft ökonomisch außerordentlich aktiv und erfolgreich bei ihrem Bemühen, ihre Mitgiften gewinnbringend zu verwerten. Sie sind ein gutes Beispiel für das etwas zwiespältige Bild, das man von der Rolle von Frauen im Wirtschaftsleben Babyloniens erhält. Der Tatsache, daß Frauen in wesentlichen rechtlichen Aspekten (fast) immer unter männlicher Autorität standen und von manchen gesellschaftlichen und wirtschaftlichen Aktivitäten ausgeschlossen waren, stehen die vielen bekannten wirtschaftlich selbständig agierenden Frauen gegenüber, die gegebenenfalls auch vor Gericht ihre Rechte gegen ihre Männer einzuklagen wußten. Es hat den Anschein, daß Frauen trotz ihrer grundsätzlichen Benachteiligung unter günstigen individuellen Umständen durchaus beträchtliche Freiheiten genossen.

Der auf den voranstehenden Seiten gegebene Überblick über die babylonische Wirtschaft und Gesellschaft zeichnet zum Teil ein recht statisches Bild. Dies ist legitim, da wesentliche Grundzüge tatsächlich im 2. und 1. Jahrtausend unverändert blieben. Weder gab es signifikante Änderungen der Umweltbedingungen, noch kam es zu bedeutenden technologischen Innovationen. Als wesentliche Entwicklung im Sinne einer Geschichte der «Langen Dauer» wird man die demographischen und siedlungsgeographischen Veränderungen von der altbabylonischen zur mittelbabylonischen Zeit und das diesbezügliche Wachstum im 1. Jahrtausend sehen können. Im Vergleich zum außerhalb des Blickwinkels dieses Buchs stehenden 3. Jahrtausend konstatiert man zudem Veränderungen bei der relativen Bedeutung des institutionellen und des privaten Sektors der Wirtschaft: Es gab eine deutliche Verschiebung zugunsten des letzteren. Wie sich in diesem Zusammenhang das 1. und 2. Jahrtausend zueinander verhalten haben, ist derzeit noch nicht klar absehbar.

Die oft lakonischen Keilschrifttexte können infolge ihres Fokus auf Recht und Wirtschaft keine ausgewogene Vorstellung von der antiken Lebenswirklichkeit vermitteln, mit der sich die Babylonier konfrontiert sahen. Dies spiegelt sich naturgemäß in der vorstehenden Darstellung wider. Viele Details würden helfen, diesen Mangel zum Teil auszugleichen. Hier kann nur ein Beispiel gegeben werden: Findelkinder tragen häufig Namen wie «der (aus) der Hundeschnauze (gerettet wurde)», Kindesaussetzung wurde manchmal mit der Phrase «vor Hund und Schwein werfen» umschrieben. Ausgesetzte Kleinkinder wurden also in babylonischen Städten von Hunden und Schweinen gefressen.

Untersuchungen von Friedhöfen erlauben statistische Aussagen über die Lebenserwartung. Einige Zahlen, die sich aus der Untersuchung eines nordmesopotamischen Friedhofs der Partherzeit ergeben haben (der Fundort liegt geographisch außerhalb Babyloniens, die Ergebnisse sind aber sicher auf den Süden übertragbar): Die Lebenserwartung bei Geburt betrug ca. 30 Jahre, überstand ein Kind die ersten 4 Jahre (die Wahrscheinlichkeit, in dieser Zeit zu sterben, war etwa doppelt so hoch wie die des Todes zwischen 5 und 19), hatten Männer eine Lebenserwartung von etwa 43 und Frauen von etwa 37 Jahren. Frauen zwischen 15 und 29, also im fruchtbaren Alter, hatten infolge der Kindbettsterblichkeit eine um das 2- bis 3-fache höhere Sterberate als Männer. Das Leben in Babylonien war wie überall in der Antike – aus heutiger Sicht – hart und kurz.

## 4. Die Stadt

Ein Überblick über Gesellschaft und Wirtschaftsleben der urbanen Bevölkerung und über die Wechselbeziehung zwischen den Städten und ihrem Hinterland ist im vorhergehenden Abschnitt gegeben worden. Hier soll die Stadt als physische Entität behandelt werden.

Von der Peripherie zum Zentrum vorgehend, sind die folgenden Elemente für eine babylonische Stadt des 2. oder 1. Jahrtausends charakteristisch: ein Gürtel intensiv kultivierten Garten-

landes und der Flußhafen, das kommerzielle Zentrum und Sitz
der Kaufmannskollektive, die Vorstädte, die vielleicht auf das
Handwerk spezialisierte Quartiere enthalten haben, die Stadtmauern mit mehreren monumentalen Toren, die den benachbarten Stadtvierteln den Namen gaben und bei denen die städtischen
Märkte zu suchen sind, die innerstädtischen Wohnquartiere, in
etwa radial auf das Zentrum mit dem Hauptheiligtum zuführen-
de Hauptstraßen, dieses Hauptheiligtum selbst: das Zentrum
und der älteste Bereich der Städte, schließlich Paläste bzw. Ver-
waltungssitze. Diese liegen häufig, vor allem in durch konzer-
tierte königliche Bauaktivitäten umgestalteten Residenzstädten
wie Babylon selbst, als von ihrer Umgebung isolierte Zitadellen
am Rand der Innenstadt. Heute sind von diesen Städten – sofern
sie noch nicht ausgegraben wurden – nichts als Ruinenhügel ge-
blieben, die sich über die umgebene flache Schwemmlandebene
erheben. Unter den höchsten Punkten dieser Hügel, normalerweise einigermaßen im Zentrum, hat man die wesentlichen institutionellen Bauten, also Tempel und Paläste, zu suchen.

Privathäuser wurden in der Regel aus ungebrannten Lehmziegeln gebaut; die Mauerstärke bewegte sich zwischen $1/2$ und
1 Meter. Als Mörtel wurden Lehm oder Bitumen verwendet.
Auch die Fußböden wurden aus Ziegeln gelegt, sofern sie nicht
einfach aus gestampftem Lehm bestanden. Holz kam vor allem
für Dach- und Deckenkonstruktionen sowie Türflügel und
-rahmen zum Einsatz. Die Flachdächer bestanden aus horizon-
talen Balken, die mit Matten und Schilf und einer Lehmschicht
bedeckt wurden. Auf das Dach bzw. auf das gelegentlich vorhandene Obergeschoß führten Treppen in Lehm- und Holzbau-
weise. Als Entwässerungsanlagen für Badezimmer, Toiletten
und Höfe dienten meistens interne Sickerschächte, seltener Kanäle und Rinnen, die auf die Straße führten.

Der in Babylonien dominierende Haustyp (bei einer großen
Zahl von Varianten) ist das sogenannte Hofhaus. Die fenster-
losen, abweisenden Außenfassaden dieser Häuser sind ein guter
symbolischer Ausdruck der mit ihnen verbundenen, nach innen,
auf die Abgeschiedenheit des privaten Lebens gerichteten Lebensweise. Im Hausinneren erschloß der im vorderen Teil gele-

*Abb. 3: Ein altbabylonisches
Hofhaus aus Ur.
1: Eingangsbereich. 2: Hof.
3: Toilette. 4: Geschäft oder
Werkstatt. 6: Hauptsaal.*

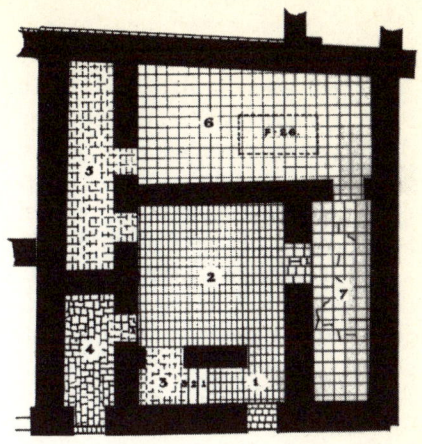

gene Hof die um ihn gruppierten Räume bzw. Raumfluchten. Zudem hatte er wohl eine klimaregulierende Funktion. In manchen Städten fand man «Hinterhöfe mit Hauskapelle», d. h. größere Räume mit Altären, die privaten Kulthandlungen dienten. Unter den Fußböden dieser Räume begrub man die Mitglieder der Familie. Andere funktional bestimmbare Räume sind «Hauptsäle», die Kernbereiche des Hauses, und «Empfangsräume», die zwischen den Höfen und den im Hausinneren befindlichen Hauptsälen lagen. Auch «Badezimmer» und Küchen wurden natürlich nachgewiesen.

Die in den Texten häufig erwähnten reinen Schilfhäuser, die oft beträchtliche Dimensionen erreicht zu haben scheinen, haben archäologisch keine klaren Spuren hinterlassen.

Die Hausgrößen und die Anzahl der Zimmer konnten beträchtlich schwanken: Haben etwa im altbabylonischen Ur vier Fünftel der Häuser eine Nutzfläche von weniger als 100 m², so sind dies im Babylon der neubabylonischen Zeit nur ein Fünftel; dort findet man Häuser von über 400 m². Auch der Grad der urbanen Verbauung kann sehr unterschiedlich sein. In Ur, dessen Wohnquartiere zu den bestbekannten des Vorderen Orients zählen, findet man enge Straßen und dicht aneinanderstehende Häuser, die oft von Sackgassen, die von kleineren Plätzen radial wegführten, erschlossen wurden. In Uruk hingegen gab es im 7. Jahrhundert inselhaft isolierte Wohnquartiere. Ähnliches gilt in derselben Zeit auch für Babylon. Texte berichten immer wieder von recht großen Gärten oder viel unbebautem Gelände innerhalb der Mauern. Diese alten Anlagen waren vermutlich nach Zeiten geringerer Prosperität oft zu groß für die innerhalb ihres Ringes wohnende Bevölkerung. Generalisierungen hinsichtlich des Stadtbildes der babylonischen Städte sind daher kaum möglich.

Paläste können höchst unterschiedliche Größen und Grundrisse haben, und eine sie alle hinreichend beschreibende Typologie kann nur abstrakt bzw. funktional orientiert sein. Immer sind sie nach außen hin abgeschlossene Agglomerate funktional differenzierter Räume und Höfe. Die wesentlichen konstitutiven Elemente sind die königlichen Wohnquartiere, (mehr oder weniger öffentliche) Repräsentationsräume und ein administrativer Bereich. Im altbabylonischen Mari, dessen Palast wohl der bestbekannte aus dem Vorderen Orient ist, waren der Bereich des Königs und der seiner Frauen deutlich voneinander getrennt; anderswo war diese Trennung nicht immer so deutlich. Beide Bereiche umfaßten auch Wohnquartiere für das zahlreiche diesen Palastteilen zugeordnete Personal. Die Repräsentationsräume schlossen physisch an die Privatgemächer des Königs an. Ihr Kern war der Thronsaal, der von außen durch einen Hof (und manchmal durch einen weiteren Vorraum) betreten wurde. Im Thronsaal fanden Zeremonien und Bankette statt – die Palastküchen schlossen in Mari direkt daran an. Auch die Büros der Palastverwaltung waren diesem Repräsentationszentrum nahe. In Mari befanden sie sich im ersten Stock, mit Zugang zu einem größeren Saal, in dem vermutlich der König seinen tagtäglichen Amtsgeschäften nachging. Bei manchen Palästen waren auch Kapellen oder kleinere Tempel in das Ensemble integriert. Die großen Bauten des 1. Jahrtausends hatten auch Werkstätten, Stallungen und verschiedene andere Funktionsräume.

Wie auch im Fall der Palastarchitektur kann man Tempel allgemein am besten anhand ihrer funktionalen Struktur beschreiben. Zentrum war das innere Heiligtum, das *sanctum sancto-*

*rum*, in dem sich die Statue der Gottheit auf einem Postament befand. Die Sonderstellung dieses Bereichs ist architektonisch daran zu erkennen, daß er immer am Ende einer Progression von Räumen lag, die vom Tempelaußenbereich nach innen führten. Der Raum war in Babylonien meist ein Rechteck, dessen Eingang in der Mitte einer Langseite genau dem Postament für die Götterstatue gegenüber angelegt war. Anschließend an das innere Heiligtum folgte das äußere Heiligtum, in dem die tagtäglichen Rituale, vor allem die Speiseopfer, durchgeführt wurden. Die Achse zwischen der Position des Opfertisches und dem Postament, auf dem die Statue stand, ist die bestimmende architektonische Größe dieses Ensembles. Dem äußeren Heiligtum war manchmal ein – durch einen Hof zu betretender – Eingangsbereich vorgelagert, in dem der konzeptuell kritische Übergang zwischen dem profanen und dem sakralen Bereich stattfand und über den hinaus, wie aus Texten hervorgeht, nur Eingeweihte weiter in das Innere des Tempels Zutritt hatten. Diese Grundelemente konnten besonders im 1. Jahrtausend zu großen Komplexen mit mehreren Einzelheiligtümern, Höfen und angeschlossenen Verwaltungs-, Wohn- und Speicherräumen erweitert werden. Regelmäßig findet man neben diesen sogenannten «Tieftempeln» auch Hochtempel. Auf der obersten Plattform dieser mehrstufigen Türme (*ziqqurratu*), deren Stufen wohl die mehrschichtige, schrittweise vom Profanen zum Sakralen führende Bauweise der Tieftempel widerspiegelten, be-

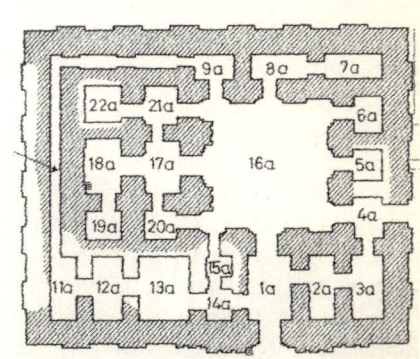

Abb. 4: *Der Tempel der Isch-tar von Akkade in Babylon.*
*18a: das innere Heiligtum.*
*17a: das äußere Heiligtum.*
*16a: der Hof.*

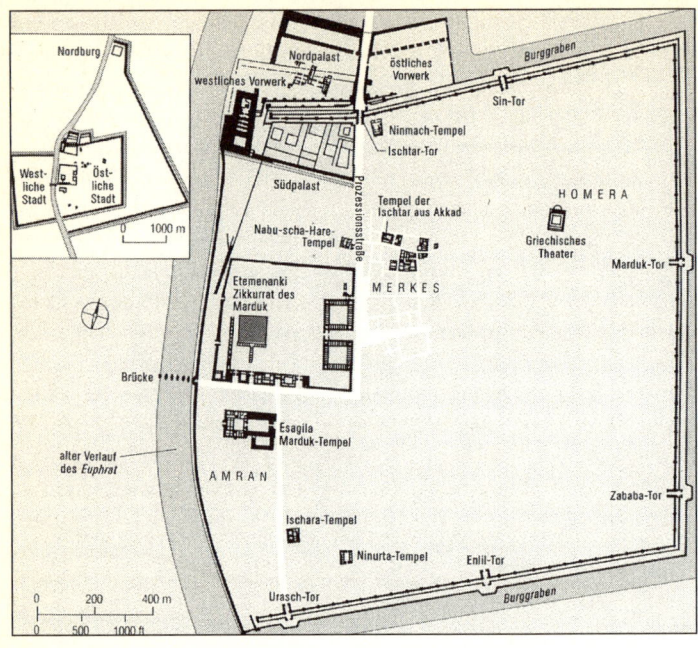

*Abb. 5: Der Stadtkern von Babylon
nach den Bautätigkeiten Nebukadnezars II.*

fanden sich eigene kleine Tempel, die für besondere Rituale verwendet wurden. Konzeptuell, d. h. sowohl religiös als auch ad-
ministrativ, waren die Tempeltürme den benachbarten Tieftempeln angeschlossen, sie bildeten keinen eigenen unabhängigen
Tempelkomplex.

Als Beispiel für eine babylonische Stadt wird hier ein Plan Babylons im sechsten Jahrhundert, nach der Umgestaltung durch
Nebukadnezar II., gegeben. Man erkennt den Haupttempel
Esangila des Stadtgottes Marduk mit dem benachbarten Hochtempel im Zentrum der rechteckigen, von geraden Straßen
durchschnittenen Innenstadt. An deren Nordseite, dort, wo der
Euphrat die Stadtmauer durchschneidet, liegen die beiden monumentalen Königspaläste.

Der beeindruckendste Bau war sicherlich die Zikkurrat, der Tempelturm Etemenanki, der sich auf einer Grundfläche von 90 × 90 m nach den Angaben eines Keilschrifttexts in sieben Stufen 90 m über die Stadt erhob und auf dessen Spitze sich ein mehrräumiger Tempel befand. Auch das benachbarte Esangila, der wichtigste, aber bei weitem nicht der einzige Tempel innerhalb der inneren Stadtmauern, hatte beträchtliche Dimensionen: Die Grundfläche betrug 180 × 125 m, die Mauern wurden von den Ausgräbern bis zu einer Höhe von 10 m gut erhalten aufgefunden. Die Tempelanlage mit den Heiligtümern von Marduk, seiner Gattin Zarpanitu und Dienergottheiten war um drei zentrale Höfe herum angelegt und von einer Mauer mit mehreren monumentalen Toren umschlossen.

Von Zikkurrat und Esangila führte eine 20–24 m breite Prozessionsstraße bis über das Niveau der umliegenden Häuser ansteigend nordwärts zu den Königspalästen und dem monumentalen Ischtartor östlich von diesen. Die allein ausgegrabene Nordseite dieses über 12 m hohen Tores war vollständig mit reliefierten und glasierten Ziegeln geschmückt, die verschiedene mythologische Tiere darstellten. (Das Tor ist heute im Vorderasiatischen Museum in Berlin zu sehen.)

Die Königspaläste sind nicht weniger eindrucksvoll als die Tempel. Die Südburg allein hat Ausmaße von 200 × 310 × 120 × 270 m. Sie war durch fünf Höfe ungleicher Größe in fünf «Flügel» unterteilt. In ihrem Nordostteil, der offenbar administrativen Zwecken diente, wurde ein ungewöhnliches Gebäude ergraben, dessen Fundamente aus mehreren überwölbten Räumen bestanden. Es wurde von den Ausgräbern als jene künstliche mehrstufige Gartenanlage identifiziert, die Nebukadnezar II. nach den Angaben des griechischen Geographen Strabo für seine medische (und also aus einer gebirgigen Gegend stammende) Frau habe errichten lassen. Heute wird diese These nicht mehr aufrechterhalten, und die Hängenden Gärten, in der klassischen Antike immerhin als eines der Sieben Weltwunder angesehen, bleiben trotz vieler Untersuchungen ein ungelöstes Problem.

Die über 8 km lange äußere Befestigung umschloß nicht nur die Unter- oder Vorstadt, sondern auch einen weiteren könig-

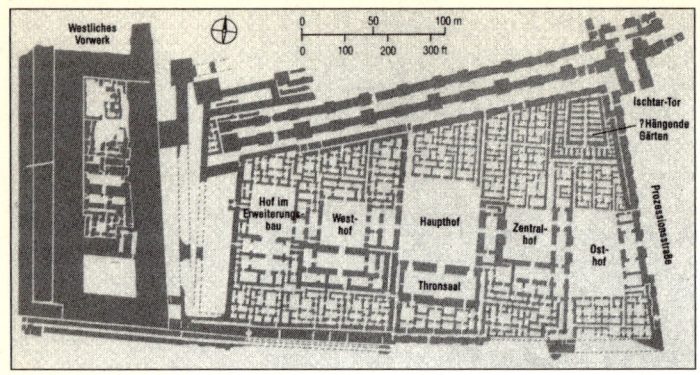

*Abb. 6: Die Südburg.*

lichen Palast, die sogenannte «Nordburg» von etwa 180 m im
Quadrat. Der Mauerring war dreiteilig: die innere Mauer aus
luftgetrockneten Lehmziegeln war 7,1 m dick, die mittlere
Mauer aus Brandziegeln 7,8 m und die äußere Mauer, ebenfalls
aus Brandziegeln, die an einem etwa 100 m breiten Graben lag,
3,3 m.

Der Aufwand, der in die Umgestaltung der Stadt und die monumentalen Bauwerke investiert worden sein muß, war gewal-
tig. Hiervon zeugen nicht nur die physischen Reste der Bauten
selbst, sondern auch die Inschriften, in denen sich Nebukadnezar seiner Bautätigkeiten rühmt, und Verwaltungstexte aus dem
südbabylonischen Uruk, die zeigen, in welch großem Ausmaß
der dortige Ischtar-Tempel seitens des Staats angehalten war, zu
den Bautätigkeiten in Babylon sowohl Arbeiter als auch Materialien und Geld beizusteuern. Man kann daraus schließen, daß
sicherlich das ganze Land zur Verschönerung und Sicherung der
Hauptstadt beitragen mußte.

## 5. Religion und religiöse Praxis

### Grundlagen: ein dynamischer Polytheismus

Babylonier stellten sich ihre Gottheiten durchwegs menschengestaltig vor. Das Pantheon bestand aus familiär miteinander verbundenen Göttern und Göttinnen mit mehr oder weniger genau zugewiesenen Charakteristika und Aufgaben, oft als Stadtgötter, und spiegelte in seinem hierarchischen Aufbau bis zu einem gewissen Grad die gesellschaftliche und politische Struktur eines Stadtstaates. Jeder Hauptgottheit waren Dienergottheiten zugeordnet, die konkrete Funktionen analog zu Angehörigen eines irdischen Hofstaates hatten.

Dieses traditionelle Pantheon – die Babylonier hatten es im wesentlichen von den Sumerern übernommen und erweitert – wird am besten von einer zweispaltigen Götterliste, in der Altorientalistik nach ihrer ersten Zeile An=Anum genannt, illustriert. Der Text hat Wurzeln und Vorläufer im 3. Jahrtausend, seine endgültige Gestalt erlangte er aber erst in der zweiten Hälfte des 2. Jahrtausends. Die linke (sumerische) Spalte dieser Liste behandelt nacheinander mehrere der großen Götter und ihre jeweiligen Partner, Kinder und die ihnen zugeordneten Dienergottheiten. Sie beginnt mit dem Himmelsgott An, einer recht ‹blassen› Gottheit; danach werden Ans Sohn Enlil, der Stadtgott des religiösen Zentrums der sumerischen Welt, Nippur, und daher Hauptgott des sumerischen Pantheons, und sein Sohn Ninurta behandelt, es folgen die Muttergöttin Ninchursanga und Enki (babylonisch Ea), Stadtgott von Eridu, Gott der Weisheit und Beschwörung, Vater des danach behandelten Marduk, des Stadtgottes von Babylon. An, Enlil, Enki und die Muttergöttin sind die beherrschenden vier Götter des sumerischen Pantheons. Nach ihnen behandelt An=Anum die Himmelskörper Nanna, den Mondgott, einen Sohn Enlils, seinen Sohn Utu, den Sonnengott (babylonisch Schamasch), den Wettergott Ischkur (ein

Sohn Ans, babylonisch Adad) und Inanna (babylonisch Ischtar), die Liebes- und Kriegsgöttin, die zugleich am Sternenhim-
mel als Venusgottheit ihre Verkörperung fand. In dieser Gestalt
sind unterschiedliche semitische und sumerische Motive zusammengefaßt worden; sie gilt manchen Traditionen als Tochter Ans, anderen als Tochter Nannas.

Dieses Pantheon ist alles andere als statisch. Synkretistische
Verschmelzung von weniger bedeutenden Gottheiten mit einem
der großen Götter ist häufig. Oft läßt sich in diesem Zusammenhang eine politisch-ideologische Motivation erkennen. Am
besten kann dies an Hand des Beispiels von Marduk, dem
Stadtgott von Babylon, vorgeführt werden: Möglicherweise in
der Regierungszeit von Hammurapi wurde Marduk mit dem
Beschwörungshelfer Asalluchi, einem Sohn Enki/Eas und Stadtgott von Kumar bei Enkis Stadt Eridu, gleichgesetzt. Damit
wurde Marduk selbst zu einem Sohn Enkis, was einem Aufstieg
im Pantheon – in Übereinstimmung mit der gestiegenen Bedeutung Babylons selbst unter der Hammurapi-Dynastie – gleich-
kam. Überhaupt wurde später systematisch die Eridu-Theologie
von Babylon übernommen – die Stadt hatte sogar ein Viertel namens Kumar. In ähnlicher Weise ging Tutu, der Stadtgott der
Babylon nahegelegenen Stadt Borsippa, in Marduk auf, und
Marduks Sohn Nabu konnte zum neuen Stadtgott Borsippas
werden. Beide Fakten versinnbildlichen das Nahverhältnis von
Borsippa zu Babylon und die untergeordnete Stellung der erstgenannten Stadt.

Der entscheidende Schritt in Marduks Aufstieg zum Herrn
des babylonischen Pantheons, der damit die alte sumerische Tri-
as An, Enlil und Enki bzw. das Quartett An, Enlil, Enki und die
Muttergöttin verdrängte, erfolgte in der zweiten Hälfte des
2. Jahrtausends und fand seinen Ausdruck in dem wahrscheinlich unter Nebukadnezar I. (1125–1104) neugeschaffenen babylonischen Weltschöpfungsepos *Enuma elisch*. Dieses Werk
berichtet von Weltentstehung und Kämpfen der Götter gegen sie bedrohende Chaosmächte, geführt von Tiamat, dem
«Meer», wobei sich Marduk auf Bitten der anderen Götter als
der rettende Held erweist. Darauf erhält er die Herrschaft über

die Götter und die von ihm dann neu geordnete Welt zugesprochen. Diese Komposition verarbeitet auch anderswo verwendete Motive mit einem einzigen Ziel: der Verherrlichung Marduks
und seiner Stadt Babylon. Dabei mußte die traditionelle sumerische Kosmologie, die Nippur als Zentrum der Erde ansah, mo-
difiziert werden. Enlil, der Stadtgott von Nippur und ehemals
Herrscher des Pantheons, wurde in einen mittleren Himmel, unter dem Himmel des Himmelsgottes Anu und über dem Himmel, den die Gestirngötter bevölkerten, versetzt, um auf der
Erde Platz für den neuen Herrscher Marduk zu schaffen. Dessen Stadt Babylon nahm dann naturgemäß den Platz Nippurs
als Zentrum der Erde und des Kosmos ein: Theologie und Mythologie als Reflex neuer politischer Realitäten.

Seit dem Ende des 2. Jahrtausends wurde durch sogenannte
«Gleichsetzungstheologie» die Zahl der Götter zunehmend ver-
ringert. (De facto waren es ausweislich der Personennamen, in
denen sehr oft Götternamen enthalten waren, schon früher
kaum mehr als 20 Götter, die wirklich häufig verehrt wurden:
Das «praktische» Pantheon war durchaus überschaubar.) Systematischen Ausdruck fand diese Tendenz in der rechten (babylonischen) Spalte der Liste An=Anum, in der viele der untergeordneten und obskuren Götter der linken, ins 3. Jahrtausend
zurückreichenden Spalte mit bekannteren, aber insgesamt
wesentlich weniger zahlreichen Göttern gleichgesetzt wurden.
Mythologische Texte enthalten gelegentlich vergleichbare Abschnitte, in denen verschiedene Namen des göttlichen Protagonisten aufgelistet werden, die auf solche Gleichsetzungstheologie zurückgehen. So heißt es z. B. im Schlußabschnitt des Anzu-
Mythos von Enlils Sohn Ninurta: «*In Elam nennt man dich
Hurbatil, in Susa ruft man dich als Inschuschinak an, ..., in Ur
nennt man dich [...], ..., in [Der] nennt man dich Ischtaran ...*»

Unter der Grundvoraussetzung der Existenz eines hierarchisch strukturierten Pantheons standen naturgemäß hinter solchen Gleichsetzungen oft religiöse Auseinandersetzungen (mit
politischen Implikationen). Ein Text aus Enlils Stadt Nippur
zum Beispiel, der aus der Zeit Nebukadnezars I. stammt, hält –
gegen die vom König von Babylon aus propagierte Marduk-

Theologie – an Enlil als Herrn des Pantheons fest und setzt damit einen lokalpatriotischen Akzent.

Manche gelehrte Schreiber des 1. Jahrtausends trieben die Gleichsetzungstheologie auf die Spitze, indem sie auch ‹große Götter› mit Marduk identifizierten. Ein Text gibt die folgende Liste von Gleichsetzungen: «... *Nergal* (ein Kriegsgott) *ist Marduk der Schlacht, Zababa* (ein anderer Kriegsgott) *ist Marduk des Kriegs, Enlil ist Marduk der Herrschaft und der Beratung, Nabu* (auch Schreibergott) *ist Marduk der Buchhaltung, Sin* (der Mondgott) *ist Marduk, der in der Nacht leuchtet, Schamasch* (der Sonnengott, auch Gott der Gerechtigkeit) *ist Marduk der Gerechtigkeit ...*». Das Ergebnis dieses Prozesses, der aus dem gesamten polytheistischen Pantheon Manifestationen eines einzigen Hauptgottes macht, kann man als eine Art Monotheismus bezeichnen.

Intellektuelle Spekulationen dieser Art dürften wenig Einfluß auf die traditionelle (und traditionalistische) Volksfrömmigkeit gehabt haben: Die üblichen Riten wurden in der Regel unverändert beibehalten, selbst wenn manche der gelehrten Protagonisten dieser Riten gewußt haben mochten, daß unter dem Namen Schamasch nicht der eigenständige Sonnengott, sondern eine der vielen Manifestationen Marduks verehrt wurde. Vereinzelt finden sich aber Versuche, die neuen Auffassungen auch in die praktische Kultausübung einfließen zu lassen. So liest man in einem Text, der die Worte eines Priesters wiedergibt, der eine Reihe von Göttern zu einer Prozession auffordert: «*Geh, Bel* (ein Name Marduks), *(du) Enlil des Himmels und der Erde, ..., geh, Nabu, (du) Anu, König der reinen Himmel, Erster unter den großen Göttern*», worauf eine Erläuterung folgt: «*Bel steht hier anstelle von Enlil ... Nabu steht hier anstelle von Anu.*» Das ursprüngliche Ritual richtete sich offenbar an die Götter Enlil und Anu, die aber synkretistisch mit Bel und Nabu gleichgesetzt worden waren. Diese Götter wurden in den Text eingesetzt, die alten Götternamen zu Epitheta oder Manifestationen der neuen Götter degradiert. Der Kommentar erläutert den Prozeß.

Nach babylonischer Vorstellung gab es zusätzlich zu dem eben vorgestellten Pantheon zahlreiche Dämonen, die ebenfalls göttlich, den Göttern im engeren Sinne aber an Macht unterlegen waren und oft nur auf göttliche Anweisung hin tätig wurden. Sie waren überwiegend böswillig. Genannt seien etwa Rabisu, der «Lauerer», Ardat lili, ein weiblicher Dämon, der als zu normaler Sexualität unfähig geschildert wird und dieses Manko durch Aggression gegen junge Männer kompensiert, und Lamaschtu, ein weiblicher löwenköpfiger Krankheitsdämon, der oft als Auslöser des Kindbettfiebers gesehen wird. Die meisten anderen Dämonen haben keine ausgeprägten individuellen Charakteristika. Sich ihrer mit göttlicher Hilfe zu erwehren, war die wesentliche Funktion babylonischer Magie.

## Kosmologie, Kosmogonie und Anthropogonie

Sumerische Mythen vom Anfang des 2. Jahrtausends und babylonische mythisch-spekulative Texte aus dem 1. Jahrtausend lassen ein Weltbild erkennen, in dessen Zentrum die vom Salzmeer umgebene Erdscheibe sitzt, überwölbt von mehreren Himmeln, in deren oberstem der Gott An seinen Sitz hat und deren unterster jener der Sterne ist, und getragen von einem Süßwasserozean (dem *apsu*), in dem Ea/Enki wohnt. Darunter befindet sich die Unterwelt, das Schattenreich, in dem die Unterweltsgötter herrschen. Eine Variante dieses Weltbildes, die Marduk und Babylon in das Zentrum rückt, wird, wie schon gezeigt wurde, im Weltschöpfungsepos *Enuma elisch* vorgestellt; auffällig ist hier, daß die Unterwelt keine Rolle spielt.

Schöpfungsberichte finden sich manchmal an unerwarteter Stelle, wie in dem folgenden Beispiel, das im Kontext einer medizinischen Beschwörung eine kosmologische Begründung für die Existenz des Zahnwehs gibt – der Text wirkt leicht humoristisch, läßt sich aber grundsätzlich gut mit anderen kosmologischen Berichten vergleichen. «*Nachdem Anu [den Himmel erschaffen hat]te, der Himmel [die Erde] erschaffen hatte, die Erde die Flüsse erschaffen hatte, die Flüsse die Kanäle erschaffen hatten, die Kanäle den Morast erschaffen hatten, der Morast den Wurm erschaffen hatte, ging der Wurm vor Schamasch zu weinen, vor Ea flossen seine Tränen: ‹Was gabst du mir zu essen, was gabst du mir zu saugen?› ‹Ich gab dir die Feige, die reife, die Marille, den Apfel!› ‹Was soll ich mit der Feige, der reifen, der Marille, dem Apfel? Hebe mich hoch und setze mich zwischen Zahn und Zahnfleisch. Vom Zahn will ich das Blut saugen und vom Zahnfleisch Stücke abnagen.›»* (Fortsetzung S. 111)

In *Enuma elisch* nimmt die Weltschöpfung mit dem wäßrigen Urpaar Apsu und Tiamat (dem Meer) den Anfang, von dem – in mehreren Schritten – alle Götter abstammen. Nach einem Generationenkampf, in dem zuerst Apsu und später Tiamat von Ea bzw. Marduk getötet werden, schafft Marduk aus Tiamats Leichnam die Himmel und die Erde und richtet allgemein das Weltall ein. Der Mythos vereint hier mehrere ältere sumerische Traditionen. In ähnlicher Weise variiert der Text bei seiner Schilderung der Menschenschöpfung ältere Motive, deren Details hier wiederzugeben zu weit führen würde. Gemeinsam ist den babylonischen Menschenschöpfungserzählungen, daß sie von der Vermischung von Lehm und dem Blut eines getöteten Gottes als Grundstoffen des Menschen ausgehen. Das Blut ist es, das dem Menschen den für sein Menschsein als konstitutiv erachteten «ordnenden Verstand» (dies ist eine annähernde Übersetzung des einschlägigen babylonischen Begriffs) gibt. Die Aufgabe der Menschen ist es, für die Götter zu arbeiten: Sie werden explizit zu diesem Zweck geschaffen – eine Begründung für die Existenz des Opferwesens: «*Aus seinem (eines besiegten und getöteten Gottes) Blut schuf er (Ea) die Menschheit, er belastete sie mit der Arbeit der Götter und befreite die Götter (von der Mühsal)*». Dies führt zu einer wechselseitigen Abhängigkeit von Göttern und Menschen, wie die Götter in den Fluterzählungen (im Atra-hasis-Mythos und im Gilgamesch-Epos) feststellen müssen, als die Menschen bis auf eine in eine Arche geflüchtete Noah-Figur in der Flut ums Leben gekommen sind, die von der lärmenden Geschäftigkeit der Menschen gestörte Götter geschickt haben, um wieder ihre Ruhe zu haben. Ohne Opfer hungern die Götter, und sie lassen daher die Wiederbesiedlung der Erde mit dem Menschengeschlecht zu.

## Götterstatuen, Opfer und Feste

Die Rolle des Ernährers der Götter, die dem Menschen im Mythos zugeschrieben wurde, spiegelte sich im Opferwesen in den Tempeln, dem zentralen Aspekt des gemeinschaftlichen religiösen Lebens.

Der Adressat des Opfers, die Gottheit, wurde physisch im Normalfall durch ein menschengestaltiges Rundbild, gelegentlich auch durch Symbole repräsentiert – bzw. war im babylonischen Verständnis in der Statue, in dem Symbol selbst präsent und konnte so dem Ritual beiwohnen. Die Götterbilder bestanden – im Gegensatz zu steinernen Königsstatuen – aus mit Edelmetall überzogenen Holzkernen und trugen (regelmäßig gewechselte) Gewänder und aufwendige Kopfbedeckungen und Schmuckstücke. (Der Unterschied bei den Materialien ist signifikant: Eine Königsstatue sollte sein Vorbild unsterblich machen, bei Göttern bestand dieses Problem *per definitionem* nicht.)

Die konzeptuelle Spannung, die die Vorstellung, ein bekanntermaßen menschengeschaffenes Götterbild sei zugleich identisch mit der Gottheit (und nicht nur ein Abbild von ihr), natürlich hervorrief, wurde durch Konsekrationsrituale (Heiligungszeremonien) für Götterstatuen gelöst. Die sogenannten Mundöffnungsrituale bewirkten eine Art Transsubstantiation – die Statue wurde vom Menschenwerk zum Gott. Diese Wandlung vollzog sich in mehreren Schritten. Immer wieder wurde betont, daß die Statue nun nicht mehr Menschenwerk sein solle, sondern ein Gott sei. So wurden unter anderem den Handwerkern, die die Statue hergestellt hatten, im Ritual symbolisch die Hände abgehackt, um sie als unfähig zu dem Werk darzustellen: «*Binde ihre Hände mit einem Kopftuch zusammen, schneide ihnen mit einem Schwert aus Tamariskenholz (die Hände) ab. Sie sollen sagen: ‹Nicht ich habe sie (die Statue) gemacht, (der Schmiedegott) Ninagal ... hat sie gemacht.›*» Und nach der Transsubstantiation: «*In die Ohren dieses Gottes sollst du wie folgt flüstern: ‹Du gehörst nun zu den Göttern, deinen Brüdern!›, flüsterst du in sein rechtes Ohr. ‹Von heute an sei dein*

*Schicksal das eines Gottes; du gehörst nun zu den Göttern, dei-*
*nen Brüdern! ...›, flüsterst du in sein linkes Ohr.»*

Die physische Präsenz der Gottheit im Tempel in Form ihres
Götterbildes war eine entscheidende Vorbedingung für die Aufrechterhaltung des Kultbetriebs und damit allgemein für die
Prosperität der Stadt: Götterraub, also die Entfernung von Götterstatuen aus einer eroberten Stadt – ein Schicksal, das Marduks Bild im Haupttempel Babylons mehrfach erfahren mußte
– war mithin der schwerstmögliche Schlag gegen das Selbstver-
ständnis dieser Stadt und konnte im kollektiven Gedächtnis
sehr lange nachwirken.

Die generelle Struktur des Tempelopfers glich der des in verschiedenen magischen Ritualen und dergleichen ausführlicher
geschilderten persönlichen Opfers. Vor das Götterbild stellte
man ein Räucherbecken, einen Tisch, ein Gefäß, das die Trankopfer aufnehmen sollte. Nach Reinigungsriten wurden die Speiseopfer auf den Tisch gestellt, die Trankopfer in das Gefäß ge-
gossen. Mittels eines Räucheropfers, normalerweise eines Ko-
niferenharzes, wurde eine Einladung an die Gottheit ausgesandt,
zu der Mahlzeit zu kommen. Die solcherart angerichteten Spei-
sen wurden dann von der Gottheit ‹konsumiert›. Nach der
Mahlzeit wurden die Opfer, die nunmehr ‹Reste› genannt wurden, abgeräumt und an das Tempelpersonal verteilt. Auch dem
König standen Anteile an den Resten von bestimmten Opfer-
ritualen zu.

Die Minimalanforderung hinsichtlich der Opfermaterie waren Räuchermittel, Trankopfer (Bier) und vegetabilische Spei-
sen; private Opfer konnten dem Vermögen des Opfernden ange-
paßt sein: «*Der Opferschauer bringt dir Zedernharz, die Witwe
Röstmehl, die Arme Öl, der Reiche in seinem Reichtum bringt
ein Lamm.*» Im Tempelbereich wurden aber häufig volle Mahl-
zeiten, vor allem mit Fleisch, dargebracht. Die Viehzucht der
Tempel war zu einem beträchtlichen Teil darauf ausgerichtet,
die notwendigen Opfertiere bereitzustellen. Die Schlachtung
der Tiere scheint keine besondere kultische Rolle gespielt zu haben; aus den babylonischen Quellen ist nicht herauszulesen,
daß hinter dem Opferwesen das Bedürfnis nach Ritualisierung,

Mythologisierung und allgemein Rechtfertigung des Blutvergie-
ßens bei der Schlachtung gestanden hätte, wie das etwa für das
antike Griechenland angenommen worden ist (und wofür es
auch Hinweise in der sumerischen Literatur gibt).

Feste strukturierten den kultischen Jahresablauf. Sie ermöglichten den direkten Kontakt der Gläubigen mit der Gottheit,
da die Götterstatuen im Festverlauf aus dem Inneren der Heiligtümer, das nur Eingeweihten zugänglich war, herausgeholt und
in Prozessionen durch die Städte getragen wurden. Auch rich-
tiggehende Götterreisen wurden manchmal unternommen: Statuen wurden aus einer Stadt, aus einem Tempel, in eine andere
Stadt und in einen anderen Tempel gebracht, um die dortige
Gottheit zu besuchen.

Eines der bestbekannten Festrituale ist jenes für das Neujahrsfest in Babylon im 1. Jahrtausend. Mit diesem elftägigen Fest
feierte man wenigstens ursprünglich den Erfolg der Gersternte;
das Fest war aber zu dieser Zeit fast ganz auf Marduk und die
Verherrlichung seiner Macht orientiert. Einer der Höhepunkte
war eine Prozession, bei der die Statue Marduks von ihrem üblichen Platz im Tempel Esangila in den außerhalb der Stadt ge-
legenen Neujahrsfesttempel getragen wurde. Hier bekam die
ganze Bevölkerung ihren sonst für sie nicht zugänglichen Stadt-
und Staatsgott zu Gesicht – eine entscheidende kultische Bege-
benheit, wie sich auch daran zeigt, daß die Umstände der Prozession besondere ominöse Bedeutung hatten: Unerwartete Bewegungen der Statue, die Färbung, die das Gesicht der Statue an-
nahm, eine eventuelle Verspätung der Prozession, all dies konnte
über die Zukunft des Landes Auskunft geben.

Dem König kam im Neujahrsfest in Babylon eine besondere
Rolle zu: Seine Abhängigkeit von Marduk, die Tatsache, daß er
seine Herrschaft dem Gott verdankte, wurde durch ein Ernie-
drigungsritual symbolisch vorgeführt. Er mußte sich im Zuge
des fünften Festtags seiner Insignien entledigen, die vor Marduk
auf einen Stuhl gelegt wurden. Der König wurde dann vom
Oberpriester unter anderem geohrfeigt und an den Ohren gezogen und mußte folgendes «negative Sündenbekenntnis» sprechen: «*Ich habe [nicht ge]fehlt, Herr der Länder, war nicht*

*nachlässig gegenüber deiner Göttlichkeit. Ich habe Babylon [nicht zugr]unde gerichtet, nicht seine Vernichtung befohlen, nicht seine Riten in Vergessenheit geraten lassen. Ich habe [nicht] die unter (göttlichem) Schutz stehenden Bürger [geo]hrfeigt, [nicht bewirkt], daß sie verachtet werden! [Ich habe achtge]geben auf Babylon, nicht seine Umfassungsmauern zerstört.»* Konkret kann man diese Liste als Versicherung lesen, der Herrscher habe sich nicht wie der assyrische König Sanherib verhalten, der all diese Dinge tatsächlich getan hatte. Nach dieser Rezitation wurde der König wieder mit seinen Insignien bekleidet, bekam aber vom Oberpriester noch eine Ohrfeige, bei der Tränen als Versicherung des Wohlwollens des Gottes fließen sollten. In einem allgemeinen Sinn zeigt der Text die zentrale Rolle des Königs gegenüber der Stadt und dem Mardukkult sehr deutlich: An ihm lag es letztendlich, die Bedingungen zu schaffen, damit die alles entscheidende religiöse Ordnung nicht gestört wurde. Religion und Kult, bzw. vor allem gemeinschaftliche Kultausübung unter Beteiligung des Königs, und Herrschaftslegitimation waren in Mesopotamien unauflöslich miteinander verwoben.

### Unterweltsvorstellungen, Tod und Totenkult

Die Unterwelt, das «Land ohne Wiederkehr», war nach babylonischer Vorstellung ein freudloses Schattenreich, in dem die Toten eine langweilige, traurige Existenz führen, wo *«der Staub dick auf Tür und Riegel liegt»*, ein Ort, *«dessen Bewohner des Lichts entbehren, wo Erde ihre Nahrung ist und Lehm ihre Speise, wo sie wie Vögel Federkleider tragen* (Totengeister stellte man sich vogelartig vor), *das Licht nicht sehen, in Dunkelheit leben»*. Umstände des Todes und die Versorgung der Toten durch die Lebenden sind entscheidend für die Art der Existenz in der Unterwelt. Ein Unterweltswanderer berichtet, er habe einen Mann mit sieben Söhnen unter den Unterweltsgöttern thronen sehen, während ein Mann mit nur einem Sohn bitterlich klage. «‹*Sahest du einen Mann, der vom Dach gefallen ist?› ‹Ich sah einen.› ‹Wie geht es ihm?› ‹Man kann seine Knochen nicht heilen. Er zuckt wie ein Rind, während ihn die Maden fressen.› ‹Sahest du einen Mann, den ein Löwe gefressen hat?› ‹Ich sah einen.› ‹Wie geht es ihm?› ‹Bitterlich klagt er: «O weh, meine Hand, o weh, mein Fuß!»››*

Grabbeigaben hatten eine doppelte Funktion: Einerseits wurden sie dem Toten als Geschenke mitgegeben, mit denen die Unterweltgötter gnädig gestimmt werden sollten, andererseits dienten sie konkret auch der Ernährung des Toten in der Unterwelt. Es war Aufgabe der Nachkommen, durch regelmäßige Wasserspenden und Speiseopfer auch weiter für ihre Toten zu sorgen. Man weiß, daß Trankopfer manchmal durch Rinnen in die Gräber geleitet wurden. Im Falle ihrer Vernachlässigung konnten Totengeister zurückkehren und die Lebenden bedrohen. Auch unbegrabene Tote oder solche, deren Grab geschändet worden war, wandelten auf der Erde als böswillige Totengeister und mußten mit eigenen Beschwörungen gebannt werden. Die Schändung von Familiengräbern von Feinden, wie sie etwa in assyrischen Königsinschriften bezeugt ist, war daher eine Form der Rache sowohl an den Lebenden als auch an den Toten: Ein weiteres Beispiel dafür, wie sehr Tote noch in die Gesellschaft integriert waren.

## Der ‹Persönliche Gott›

Das 2. Jahrtausend ist manchmal als jene Zeit bezeichnet worden, in der erstmals ein sehr persönliches Verhältnis zwischen dem Menschen und seiner Gottheit artikuliert wurde, ein Verhältnis, das von der menschlichen Erwartung gekennzeichnet war, man werde persönlich göttliche Hilfe und Führung erfahren, aber auch göttlichen Zorn, wenn man gesündigt haben sollte; ein Verhältnis also, das dem eines Kindes zu seinem Vater in einer patriarchalisch strukturierten Gesellschaft vergleichbar ist. Die Datierung des ersten Auftretens dieses Phänomens erst in das 2. Jahrtausend ist zwar umstritten, seine Existenz an sich kann für Babylonien aber als gesichert gelten.

Konkret faßbar wird das Konzept in jenen Fällen, in denen in Personennamen, in Gebeten oder seltener in anderen Kontexten einfach nur von «dem Gott» einer Person gesprochen wird. Damit wurde eine Gottheit gemeint, der der Sprecher sich besonders verbunden fühlte, die er als Garant für sein Wohlergehen und als Schutz vor Feinden und als Fürsprecher bei anderen Göttern ansah. Das letztgenannte Motiv spielte in der Kleinkunst der altbabylonischen Zeit eine beherrschende Rolle: die charakteristischen zylindrischen Rollsiegel dieser Zeit zeigen sehr häufig sogenannte Einführungsszenen, in denen ein menschlicher Beter von einer Gottheit – seinem persönlichen Gott – an der Hand vor eine andere thronende Gottheit geführt wird.

Ab der mittelbabylonischen Zeit ist eine zunehmende Tendenz erkennbar, anstelle einer einzelnen persönlichen Gottheit Götterpaare («mein Gott und meine Göttin»), aber auch Genien («Schutzgeister») und göttliche Mischwesen anzurufen – in der Funktion dieser Götterpaare oder Genien bestand aber kein wesentlicher Unterschied zu jener der individuellen persönlichen Götter der früheren Periode. «*... Der seinen Gott und seine Göttin nicht fürchtet, möge sich an mir ein (warnendes) Beispiel nehmen! Mein Gott, versöhne dich, meine Göttin, laß dich begütigen! ...*»

Das Verhältnis zwischen dem Menschen und seinem Gott ist aber nicht gänzlich einseitig: Die Gottheit hat Verpflichtungen, die der Mensch durchaus selbstbewußt einfordern kann – die Kehrseite der expliziten, oft übertrieben wirkenden Selbsterniedrigung in den Bußgebeten («*andauernd krieche ich vor dir*»). Am deutlichsten wird diese Attitüde in dem folgenden altbabylonischen Brief eines Mannes an seinen Gott: «*Sage dem Gott, meinem Vater* (die traditionelle Briefeinleitung, eigentlich ein Auftrag an einen Boten)*: So spricht Apil-Adad, dein Diener: Warum hast du mich (derart) vernachlässigt? Wer könnte dir denn jemand anderen geben, der mir gleichkäme? Schreibe an Marduk, der dich liebt, daß er meine Bande lösen möge, so daß ich dein Gesicht sehen und deine Füße küssen kann. Denk auch an meine Familie, die Erwachsenen und die Kinder, hab Mitleid mit mir um ihretwillen, und laß mir deine Hilfe zukommen.*» Der Satz «*Wer könnte dir denn jemand anderen geben, der mir gleichkäme*» ist eine fast unverhüllte Drohung: Apil-Adad

könnte sich durchaus auch einen anderen persönlichen Gott suchen; tatsächlich sind solche Wechsel auch vereinzelt belegt.
Hier ist wieder die erwähnte Abhängigkeit der Götter von
menschlicher Zuwendung, von menschlichen Opfergaben, im
Spiel.

## Personennamen

Ein unmittelbar zielführender Weg, Einsicht in individuelles religiöses (und allgemein emotionales) Erleben zu erlangen, ist die
Analyse der weitgehend babylonischen, also für die Namensträger und -geber verständlichen Personennamen. Die Namens-
wahl resultierte – von schwer abwägbaren Faktoren wie Fami-
lientraditionen und dergleichen abgesehen – aus der psychologi-
schen Situation nach der Geburt des Kindes. Satznamen mit
einem Gottesnamen oder dem persönlichen Gott als Namens-
element beinhalten dementsprechend vor allem retrospektive
(implizite) Dankesäußerungen oder prospektive Bitten an die
Götter, die entweder dem Namensträger, einem seiner Geschwister oder dem Namensgeber in den Mund gelegt werden. Solche
Namen sind der verläßlichste Indikator für die relative ‹Beliebt-
heit› einzelner Götter in der Bevölkerung und enthalten zusätzlich bei aller Konventionalität einen unmittelbaren Reflex eines
aus einer konkreten Situation geborenen (religiösen) Gefühls.
Ein Beispiel für einen Danknamen wäre etwa Schamasch-ibni-
schu, «der (Sonnengott) Schamasch hat ihn geschaffen». Sprecher ist hier ein Elternteil. Namen dieser Art wurden fast ausschließlich für männliche Nachkommenschaft verwendet – für
Töchter dankte man den Göttern offenbar nicht (wenigstens
nicht in dieser Form). Ein Bittname aus der Sicht des Namens-
trägers formuliert: Ili-amranni «mein Gott, sieh mich (gnädig)
an». Auch Klagenamen sind bekannt: Mina-epusch-ilam «Was
habe ich dem Gott getan?» Wichtig sind die sogenannten Ersatznamen, Namen also, die auf ein verstorbenes Familienmit-
glied Bezug nehmen und das Neugeborene als Ersatz oder sogar
Wiederverkörperung desselben bezeichnen. Beispiele: Abu-bani
«der Vater ist gut», Sin-ache-eriba («Sanherib») «Sin hat mir
die (verstorbenen) Brüder ersetzt», Ali-achu «wo sind die Brü-

der?» usf. Ersatznamen für Geschwister sind sehr häufig; sie
zeugen von der hohen Kindersterblichkeit.

## Ethik, Schuld, Sünde und Sühne

Die sumerische religiöse Literatur des 3. Jahrtausends hatte
wenig Interesse an Konzepten wie individueller Schuld: Die
Handlungen Einzelner waren für die Götter von keinem Belang,
solange die kultische Ordnung aufrechterhalten wurde. Ab der
altbabylonischen Zeit änderte sich dies. Die Götter reagierten in
babylonischer Vorstellung auf sittliche Verfehlungen der Menschen mit Zorn, die persönlichen Götter wandten sich von ihren
Schutzbefohlenen ab, und das für die Sumerer chaotisch-unvor-
hersagbar böswillige Treiben der Dämonen wurde für die Babylonier nach dem Willen der Götter zielgerichtet auf Sünder ge-
lenkt. Man kann also insgesamt von einer «Ethisierung der babylonischen Religion» (M. Hutter) sprechen.

Die Tätigkeit der Dämonen bewirkte Leid: Krankheit, Miß-
erfolg, Tod. Der Konnex war direkt und unmittelbar, aus der
Präsenz von Leid konnte ein Babylonier schließen, sich versün-
digt und eine Gottheit erbost zu haben, selbst wenn er sich dessen nicht bewußt war. *«Die Sünde(n), die ich beging, kenne ich
nicht! Das Vergehen, das ich verübte, kenne ich nicht! ... Der
Herr hat mich im Zorne seines Herzens böse angeblickt. Der
Gott ließ mich von der Wut seines Herzens treffen, die Göttin,
die über mich zürnte, ließ mich krank werden.»*

Aus derselben Zwangslage entstanden sehr lange Sündenbekenntnisse, die litaneiartig alle denkbaren Verfehlungen auflisten, um nur ja die richtige zu treffen:

*«O große Götter, aufgehoben seien (die Vergehen) dessen, ...
der eine kultische Verfehlung gegenüber seinem Gott, seiner
Göttin begangen hat, der Ja anstelle von Nein und Nein anstelle
von Ja gesagt hat, der jemanden hinterrücks beschuldigt hat, ...,
der einen Richter ein falsches Urteil hat sprechen lassen, ..., der
einen Sohn seinem Vater entfremdet hat, der einen Vater seinem
Sohn entfremdet hat, ..., er hat seinen Vater verachtet, ..., hat
Geld genommen, das ihm nicht zustand, ..., hat mit seines*

*Nachbarn Frau geschlafen, ..., hat Zauberei und Hexerei betrieben, ..., hat bei seinem Räucheropfer den Namen seines Gottes nicht genannt, ..., hat einen Eid geleistet, nachdem er etwas verborgen hat, ..., hat in dem Bett einer verfluchten Person geschlafen, ist auf dem Sessel einer verfluchten Person gesessen ...»*
Hier werden drei Kategorien von Ursachen für das Leiden des Patienten genannt: kultische Verfehlungen, zufällige ‹Anstekkung› durch Kontakt mit einer sündhaften Person und schließlich ethische Verfehlungen im engeren Sinn. Texte dieser Art sind die beste Quelle für babylonische ‹Moral und Sitte›. Entsühnung und Bannung der Dämonen erforderte nicht nur Sündenbekenntnisse, sondern den Vollzug von oft komplexen magischen Ritualen mit der Hilfe von Spezialisten (S. 98).

## 6. Babylonische Wissenschaft

Dieser und der folgende Abschnitt sind jenem Teil der babylonischen schriftlichen Überlieferung gewidmet, der oben in der Einleitung zu den Quellen als «kanonisch» bezeichnet worden ist: Ein Korpus von Texten, deren Umfang und Gestalt durch Tradition festgelegt waren (was Veränderungen und Entwicklungen natürlich nicht ausschließt), die von Schreibern und Schreiberschülern immer wieder abgeschrieben und in Bibliotheken gesammelt wurden, und die einerseits als wissenschaftliche Handbücher dienten oder andererseits als Literatur im engeren Sinn Werte, religiöse Vorstellungen und politische Ideologien transportierten. Dieser ‹Sitz im Leben› der babylonischen Literatur in den Schulen bzw. in der Schreiberausbildung bedeutet, daß sie zum überwiegenden Teil ‹gelehrt› bzw. ‹intellektuell› und vor allem fast immer anonym ist.
  Der Großteil des heute verfügbaren Wissens über Babylonien in den historischen Perioden – fast alles, das in diesem Buch zu finden ist – ist der philologischen Forschung zu verdanken. Diese sieht Babylonien so, wie die alten Schreiber es darstellten:

Nur über sie und ihre Tätigkeit ist ein mehr als oberflächlicher Zugang zur babylonischen Welt möglich. Es ist daher nur billig, dem Schreiberwesen einen eigenen Abschnitt zu widmen.

## Schule und Schreiberausbildung

Die babylonische Keilschrift war eine gemischte Wort- und Silbenschrift mit je nach Periode und Textgruppe rund 200–600 einigermaßen gebräuchlichen Zeichen mit meistens mehr als einer Lese- und Interpretationsmöglichkeit. Geschrieben wurde sie in rechtsläufigen Zeilen von oben nach unten. Gelesen wurde in Mesopotamien – genau wie in der klassischen Antike – laut. Das bei weitem häufigste Schreibmaterial war Ton, das Schreibwerkzeug ein zugespitzter Rohr- (oder Holz-)Griffel, der die charakteristische schlanke Dreiecksform der einzelnen Keile bewirkte. Das Schriftsystem ist wesentlich komplexer als eine Alphabetschrift, aber durchaus nicht übermäßig schwierig zu erlernen und jedenfalls, wie seine 3000-jährige Verwendung zeigt, praktikabel.

Das heutige Wissen um die Ausbildung zum Schreiber beruht auf zwei unterschiedlichen Quellengattungen: einerseits Texten, die von Schreiberschülern selbst geschrieben wurden – von den ersten Schreibübungen für einzelne Zeichen, in offensichtlich noch sehr ungeübter Handschrift, bis zu gekonnten Abschriften schwieriger literarischer Kompositionen –, und andererseits einer Gruppe sumerischer literarischer Werke, die in Abschriften der altbabylonischen Zeit überliefert sind und sich – in manchmal überzogener, satirischer Weise – mit dem Leben in der Schule beschäftigen. Man liest hier von den Leiden eines jungen Schülers, den Schlägen, die er zur Strafe dafür bekommt, daß er nicht (die zu erlernende Sprache) Sumerisch gesprochen, einen Fehler in einer Abschrift gemacht, unerlaubt den Unterricht versäumt oder geschwätzt hat. Man liest auch von erfolgreicher Lehrerbestechung. Es ist allerdings zum Teil schwierig, diese Schulsatiren mit den echten Schultexten in Übereinstimmung zu bringen. Diejenigen altbabylonischen Häuser, in denen eine große Zahl von solchen Schultexten gefunden wurde, sind als Privathäuser identifiziert worden: Der archäologische Befund spricht also eher für Unterricht innerhalb einer Familie von professionellen Schreibern – wie dies bei jedem anderen Handwerk auch der Fall war – und nicht für die Existenz von Schulen als familienunabhängigen Institutionen. Auch im 1. Jahrtausend ist familieninterner Schreibunterricht nachzuweisen.

Primäres Ziel der Schreiberausbildung war das Erlernen der Keilschrift und zugleich, mindestens in begrenztem Rahmen, das Erlernen des zum Verstehen vieler nicht-archivalischer Textkategorien unentbehrlichen Sumerischen. Zusätzlich dürften die literarischen Texte, die bevorzugt im Schulunterricht gelehrt wurden, eine Erziehungsfunktion gehabt haben, indem sie die Schüler mit grundlegenden religiösen, ethischen und ideologischen Werten und Inhalten konfrontierten. Schüler, nicht Schülerinnen und Schüler: Nach der altbabylonischen Zeit, in der Schreiberinnen zwar selten, aber durchaus üblich sind, hört man kaum mehr von schriftkundigen Frauen.

Die Ausbildung dauerte mehrere Jahre («*von der Kindheit bis du ein erwachsener Mann warst*», liest man in einem der genannten sumerischen Texte). Im 1. Jahrtausend sind drei Schulstufen unterscheidbar. In der ersten Schulstufe begann man mit einfachen Übungen zum Umgang mit Ton und Griffel, dann folgten Übungen zu einzelnen Zeichen an Hand von sogenannten Syllabaren: Listen von Keilschriftzeichen in einer festgelegten Folge, und Abschriften von Ausschnitten aus Listen von Gegenständen, Namen, Berufsbezeichnungen und dergleichen mehr. Die meisten dieser Listen waren zweisprachig: Einer linken sumerischen Spalte stand die rechte, babylonische, mit den entsprechenden Übersetzungen gegenüber. Übungen zu Maßeinheiten, kalendarischen Angaben und Ortsnamen sowie kurze Exzerpte aus Briefen und Urkunden und einigen literarischen Texten vervollständigten diese Ausbildungsstufe. Die Thematik der literarischen Texte, die zum Unterricht herangezogen wurden, war in der Regel Königsideologie und besonders die Beziehung zwischen König und Tempel: Diese Art von ‹politischer Bildung› mag zum Teil den praktischen Zweck gehabt haben, die angehenden Schreiber auf Verwaltungstätigkeiten im Staat vorzubereiten, aber auch ein abstraktes ‹Erziehungsziel› wird man dieser Textauswahl nicht absprechen können.

Hauptthema der zweiten Schulstufe war das Erlernen der ‹klassischen› Texte des Kanons und eine Grundausbildung in der Kunst des Exorzisten oder Beschwörers. Unterrichtet (d. h. von den Schülern abgeschrieben und wahrscheinlich memoriert) wurden also wiederum lexikalische Listen, Beschwörungen und Gebete, Texte der sogenannten Weisheitsliteratur, das Weltschöpfungsepos *Enuma elisch* und die Stadtbeschreibung von Babylon. Besonders die beiden letztgenannten Werke dürften wieder eine über die praktische Ausbildung hinausgehende, allgemein-pädagogische Funktion gehabt haben: Es sind dies die zentralen Werke der babylonischen Literatur für die Verherrlichung Marduks und seiner Stadt, Babylon. Sie zu lernen, konfrontierte die Schüler mit der vorherrschenden religiösen bzw. religiös-politischen Weltsicht.

Die dritte Schulstufe schließlich diente einer Fachausbildung; sie wurde wahrscheinlich nicht von allen Schreiberschülern und jedenfalls nicht von allen in derselben Weise durchlaufen. Man konnte sich als Schreiber von Verwaltungstexten und Urkunden bzw. als ‹Buchhalter› spezialisieren (dies mag schon nach der ersten Schulstufe möglich gewesen sein), oder man konnte ein Gelehrter werden, also ein Schreiber von literarischen und religiösen Texten aller Art, ein vollwertiger Beschwörer, ein Opferschauer oder Klagesänger oder Astrologe und Astronom. Mit diesen Spezialisten und ihrer Fachliteratur werden sich die folgenden Abschnitte beschäftigen. Einleitend dazu werden die schon mehrfach genannten lexikalischen Listen vorgestellt, weil anhand dieses Korpus wesentliche Charakteristika babylonischer Wissenschaft vorgeführt werden können.

## Lexikalische Listen

Einsprachige sumerische Wortlisten, zusammengestellt nach inhaltlichen Gesichtspunkten – Listen von Berufsbezeichnungen, Tieren, Holzgegenständen usf. – finden sich ganz am Beginn der Keilschriftüberlieferung, am Anfang des 3. Jahrtausends. Sie

dienten der Schreiberausbildung; in einzelnen Fällen läßt sich
zeigen, daß Sequenzen von Wörtern aus diesen Listen in derselben Ordnung in Wirtschaftstexte übernommen wurden. In altbabylonischer Zeit fügte man der sumerischen Kolumne eine
babylonische Übersetzung hinzu und schuf damit die ersten
zweisprachigen Glossare oder Wörterbücher. Gleichzeitig wurden die Listen erweitert und zunehmend standardisiert – ein
Prozeß, der mit der Entstehung von ‹kanonischen› Versionen gegen Ende des 2. Jahrtausends seinen Abschluß fand. Analog entwickelten sich Zeichenlisten und Syllabare. Auch neue Typen
von Listen entstanden, unter anderem grammatische Listen, die
systematisch sumerische grammatische Elemente und Formen
mit babylonischen Entsprechungen versahen: Dies ist nicht weniger als das früheste Beispiel für systematische philologische
Forschung. Kumulativ entstand so ein Korpus von Texten, das
die Komplexität und den Reichtum der Keilschrift ebenso wie
Lexikon und Grammatik des von den Schreibern zu erlernen-
den Sumerischen erschloß und somit im Schulunterricht unersetzlich war. Zusätzlich waren die Listen das wichtigste Arbeits-
mittel der Schreiber, als sie im 1. Jahrtausend begannen, religiöse Dichtungen, Omentexte, Mythen und Epen zu deuten und
zu kommentieren. Das Material, das die Schreiber für ihre Wort-
erklärungen, etymologischen Analysen und Deutungen ganzer
Phrasen heranzogen, kam zu einem großen Teil aus den genannten lexikalischen Listen. Somit standen die Listen am Anfang
babylonischer Wissenschaft, und deren wesentliche Charakteristika traten bereits in dieser frühen Phase hervor. Das Listenformat führte dazu, daß abstrakte Regeln nie explizit formuliert,
sondern nur implizit vorgeführt wurden: Aus einer grammati-
schen Liste von sumerischen Formen und babylonischen Übersetzungen mußte man die zugrundeliegende Sprachregel ableiten, wollte man aktiv neue Formen bilden. (Daraus darf natürlich nicht geschlossen werden, die Babylonier hätten etwa im
Gegensatz zu den Griechen immer nur konkret-anschaulich gedacht und seien zu Abstraktion nicht fähig gewesen: Dies ist
sicher unzutreffend. Dieses besondere Charakteristikum der babylonischen Überlieferung beruht sicher primär auf der außer-

ordentlich konservativen schriftlichen Form, eben der Liste. Abstraktion, ‹Theorie›, muß Gegenstand mündlicher Unterweisung gewesen sein. Dies gilt insbesondere für die Regeln der Omendeutung und in Zusammenhang mit Mathematik und Astronomie.) Die zweite erkennbare, wesentliche Grundtendenz ist die zur fast ausschließlich additiven Erweiterung des Bestehenden ohne Strukturveränderung: Die Listen wurden immer länger, immer komplexer, aber selten wurde Material getilgt, nie das Gesamte umgeordnet oder gar die Grundstruktur aufgegeben. Der kompilatorische Eifer der Schreiber stieß sich hierbei nicht an offensichtlichen Widersprüchen, wenn Material aus verschiedenen Quellen verwendet wurde und z. B. unterschiedliche und (wenigstens für uns) miteinander offensichtlich unvereinbare Deutungen ein- und desselben sumerischen Wortes nebeneinander zu stehen kamen. Das die Tätigkeit der babylonischen Schreiber und Gelehrten leitende Prinzip war immer wesentlich stärker auf das Sammeln und Auflisten von Material gerichtet als auf dessen abwägende Bewertung. Dies gilt nicht nur für lexikalische Listen, sondern z. B. auch für Sammlungen von Omina oder für Rechtsbücher: Interne Spannungen und Widersprüche in solchen Texten sind auf das genannte additive Kompilationsprinzip zurückzuführen.

## Magie

Wie oben gesagt, sahen die Babylonier in Leiden der verschiedensten Art, vor allem aber in Krankheiten, von Dämonen auf göttlichen Befehl bewirkte Strafen für bewußte oder unbewußte Verfehlungen. War sich der Leidende keiner Sünde bewußt, mußte versucht werden, *a posteriori* durch das Leiden auf das Vergehen zu schließen. Eine andere Ursache für Krankheiten konnte in böswilligem Treiben von Menschen gesehen werden: Babylonier fürchteten Zauberer und vor allem Zauberinnen, aber auch den ‹Bösen Blick› und den ‹Bösen Finger›. Ein Mittel, derartige Leiden zu beenden, war Magie. Der Spezialist, der derartiges bewerkstelligen konnte, war der «Beschwörungspriester» (oder «Beschwörer, Exorzist») – von der Ausbildung her ein spezialisierter Schreiber, der häufig Anbindung an ein Heiligtum hatte; es gab eigene Exorzistenpfründen, d. h. also regelmäßigen Beschwörerdienst in einem Tempel, der wie alle anderen kultischen Verrichtungen auch vergütet wurde. Andere Beschwörer standen im Dienst des Palastes, wo die besondere Person des Königs spezielle Aufmerksamkeit und besonderen Schutz erforderte.

Die babylonische Magie läßt sich strukturell recht gut mit Modellen beschreiben, die Ethnologie und Religionswissenschaft für in jüngeren Kulturen zu beobachtende magische Denksysteme entwickelt haben. Die wesentlichen Elemente eines magischen Rituals waren auch in Babylonien zu sprechende Formeln und manuelle Riten, die mit verschiedenen Gegenständen von hohem Symbolgehalt vollzogen wurden. Vorbedingung für den Erfolg eines solchen Rituals war eine besondere Befindlichkeit desjenigen, der das Ritual durchführte, etwa kultische Reinheit. Die Situierung eines magischen Rituals war oft durch sogenannte Inversionen gekennzeichnet, also bewußte Umkehrungen der (kultischen) Normalität: Ein typisches Beispiel hierfür ist z. B. die Durchführung von Ritualen in der Nacht.

Magie im engeren Sinn wird als aus sich selbst heraus wirksam verstanden. Die magischen Mittel sind materiell und wirken in Verbindung mit dem Wort auf andere ‹Materie› ein. Wenige babylonische magische Rituale fallen in diese Kategorie. In der Regel war Magie in Babylonien (anders als im 3. Jahrtausend bei den Sumerern) vielmehr ‹theistisch› eingekleidet, d. h. die Magie (oder besser «Theurgie») wirkte letztendlich durch göttliches Eingreifen, die magischen Handlungen allein waren de facto nur zeremoniell bzw. symbolisch, also nicht autonom wirksam.

Die Grundstruktur magischer Rituale in Babylonien war recht regelmäßig. Die vom Beschwörer zu sprechenden Formeln stellten den Patienten vor, bewirkten die kultische Reinigung des Patienten und der Kultmittel (Wasser, Räucherbecken und ähnliches) durch die Anrufung der hierfür zuständigen Gottheiten und betrieben die Austreibung des Übels, indem dieses beschrieben wurde und die Götter um Hilfe gebeten wurden, denen man zugleich versprach, sie nach vollzogener Hilfe gebüh-

rend zu preisen. Wesentliches Element der manuellen Verrichtungen, die diese Formeln begleiteten, war die Übertragung des
Übels vom Betroffenen auf ein Vehikel, das beseitigt werden
konnte. Dies konnte durch Berührung geschehen («Kontakt-
magie»), aber auch durch *pars-pro-toto*-Substitutionen und
durch analogische Ersatzrituale mit Figurinen («sympathetische
Magie»). Zusätzlich erfolgten regelmäßige Reinigungen durch
Räucherungen und Besprengung mit ‹Weihwasser›. Neben Kon-
taktmagie und sympathetischer Magie auf der Basis von Analo-
gie konnte auch sogenannte ‹Singularitätsmagie› zur Anwendung kommen. Damit ist die Verwendung ‹kurioser› Gegenstän-
de gemeint, denen aufgrund ihrer besonderen Beschaffenheit
(Farbe, Form, …) Wirkmächtigkeit zugesprochen wurde. To-
tenschädel z. B. wurden derart gebraucht.

Die Formeln, die von den Beschwörern zu sprechen sind,
können hohe literarische Qualität haben und die Situation des
leidenden Menschen eindringlich darstellen. Die folgenden Pas-
sagen stammen aus einer Beschwörung zur Erleichterung einer
Geburt (dieser Text ist assyrisch, er kommt aber aus derselben
Tradition wie vergleichbare, aber weniger gut erhaltene babylonische Texte): «*Die Frau in Wehen hat eine schwere Geburt, die
Geburt ist schmerzhaft, das Kind steckt, das Kind steckt! … Die
Frau in Wehen ist mit dem Staub des Todes bedeckt … sie liegt
in ihrem eigenen Blut …, ihr Auge bricht, sie kann nicht mehr
sehen, ihre Lippen sind belegt, sie kann sie nicht mehr öffnen …
ihre Brüste sind nicht mehr bedeckt, ihr Kopftuch ist verrutscht,
sie ist nicht mehr verschleiert, sie hat alle Scham verloren: ‹Steh
mir bei, muntere mich auf (?), barmherziger Marduk!›* (Das
Kind spricht:) *‹Hier ist das Problem, ich bin eingesperrt, komm
zu mir!› Hol ihn heraus, den eingeschlossenen, der von den Göttern geschaffen wurde, der von Menschen geschaffen wurde, laß
ihn herauskommen und das Licht sehen!*»

Nicht alle Beschwörungen wollen lebensbedrohende Dämonen bannen, manche richten sich gegen weniger gravierende
Übel. Es gibt Texte zur Beruhigung schreiender Säuglinge, und
eine singuläre Beschwörung richtet sich gar gegen eine permanent meckernde Ziege. Es spricht Ea, der Beschwörungsgott:

*«Eine Ziege im Hof (oder) in der Hürde ... geht mir auf die Nerven. Geh, sie soll mir nicht weiter auf die Nerven gehen. Nimm ihren Mist, stopfe ihn in ihr linkes Ohr, und sie soll, anstatt einzuschlafen, tot umfallen.»*

Im 1. Jahrtausend findet man neben Einzelbeschwörungen zunehmend komplexe magische ‹Liturgien›, also komplexe Rituale, die sich über mehrere Tage erstreckten und mehrere ineinandergreifende Beschwörungen beinhalteten. Hinsichtlich der Struktur der Texte muß man Kompendien, für die es zusätzlich zu den eigentlichen Beschwörungen eine Ritualtafel gibt, d. h. einen Text, der die manuellen Rituale in der richtigen Reihenfolge beschreibt und dazu jeweils mit Stichzeile die zu sprechenden Beschwörungen angibt, und Serien von Beschwörungen ohne sie verklammernde Ritualtafel unterscheiden. Zu den strukturell interessanteren ‹Liturgien› der erstgenannten Kategorie gehören etwa mehrere Kompendien, die sich der Entsühnung eines Kranken, wahrscheinlich vornehmlich des Königs, widmen (eines davon wird unten genauer vorgestellt), ein gegen die Dämonin Lamaschtu – vielleicht die Dämonin des Kindbettfiebers – gerichtetes Ritual, das Ritual *maqlû* «Verbrennung», das gegen Zauberer verwendet wurde, Rituale gegen Impotenz und Rituale zur Abwehr eines von Vorzeichen angekündigten Unheils. Bei den letztgenannten Ritualen findet sich eine enge Verzahnung von Beschwörungskunst und Vorzeichenwissenschaft.

Als Illustration hier der (vereinfachte) Ablauf eines Rituals, das der Heilung eines von Dämonen geplagten Kranken dient.

1) Der Beschwörungspriester stellt außerhalb der Stadt am Fluß verschiedene Götter- und Dämonenfiguren aus Ton, Gips und Holz her, die entweder Übel abwehrende oder reinigende Funktion haben. Dies wird von Beschwörungen und Gebeten begleitet.

2) Rückkehr in die Stadt. Die Figuren werden auf dem Hausdach vor dem Sonnengott Schamasch (d. h. in der Sonne) aufgestellt und vermittels eines ‹Mundöffnungsrituals› (S. 85 f.) wirkmächtig gemacht.

3) Der Kranke wird auf das Dach gebracht. Umgeben von den Figuren werden ihm verschiedene bunte Bänder angelegt,

und er wird mit einem Ziegenbock, welcher «Ziegenbock, der das Übel bannt» genannt wird, in Kontakt gebracht. Symbolisch soll so das ihm anhaftende Unheil auf neutrale Träger übertragen werden, die man dann beseitigen kann: Die Bänder werden abgenommen, der Ziegenbock wahrscheinlich am Ende des Rituals geschlachtet oder (als «Sündenbock») vertrieben.

4) Rückkehr in das Krankenzimmer. Die Figuren werden um das Bett bzw. an der Tür – dort zur Abwehr von Übel – aufgestellt. Bilder ähnlicher Figuren werden an Wand, Bett, Tür und Decke gezeichnet. Ein Mehlkreis wird um das Bett gezogen, Räucherungen und Trankopfer werden vor den einzelnen Figuren vorgenommen. Der Ziegenbock wird bei dem Kranken angebunden. Rechts und links des Bettes stehen Figuren eines Mannes und einer Frau – Ersatzfiguren, auf die ebenfalls das Übel übertragen werden soll. Am Haupt des Bettes steht eine Bleifigur einer Personifikation des Todes («*seine Augen sind mit einer gelben Paste eingeschmiert, er ist mit einem gezwirnten Faden gegürtet*»): Ihre spätere Entfernung soll sicherlich das Weichen der Todesgefahr vom Kranken symbolisieren. Reinigung durch Räucherung und Wassersprengen, Beschwörungen [*Textlücke*]

5) Beschwörung des Feuergottes Nusku (ein Verweis auf die reinigende Kraft des Feuers). «*In der Stille der Nacht*» wird die Ritualanordnung aufgelöst, werden die Figuren zusammengepackt, die Bilder abgewischt, das Haus gefegt, das Feuer gelöscht. Eine Beschwörung fordert die angerufenen Dämonen und Unterweltsgötter auf, das auf die neutralen Träger übertragene Übel mit in die Unterwelt zu nehmen. Dann werden die Figuren aus der Stadt an den Fluß gebracht und in das Wasser geworfen.

## Vorzeichen-‹Wissenschaft›, Astrologie und Eingeweideschau

Die Divination, also die Kunst, Vorzeichen zu erkennen und aus ihnen die Zukunft vorherzusagen, galt im Altertum als die wesentliche intellektuelle Errungenschaft Babyloniens. Selbst der Untergang der Keilschriftkulturen bedeutete nicht das Ende des Einflusses der babylonischen Wahrsagetechniken – viele einschlägige Vorstellungen und Praktiken kamen aus Mesopotamien ab der Zeit des Hellenismus über die Levante und Ägypten nach Europa, wo sie noch heute in der Astrologie nachwirken. Von der Bedeutung der Vorzeichen-‹Wissenschaft› für die Babylonier selbst zeugt allein schon der enorme Umfang des einschlägigen Schrifttums (eine einzige der einschlägigen Omensammlungen enthielt bereits über 10 000 einzelne Vorhersagen).

Grundlage der babylonischen Omenkunde war die sich aus dem theistischen, auf dem Glauben an in das menschliche Leben permanent eingreifende Götter gründenden Weltbild, in dem für Zufall kein Platz war, ergebende Überzeugung, daß letztendlich alle beobachtbaren natürlichen Phänomene Ausdruck göttlichen Willens seien und daher miteinander in einem inneren, regelhaften Zusammenhang stünden. So war es möglich, aus Beobachtungen Rückschlüsse auf noch zu Erwartendes zu ziehen, d. h. aus manifesten Resultaten göttlichen Wollens auf noch ausstehende Effekte desselben folgern zu können.

Am Anfang der Entwicklung, möglicherweise lange vor der schriftlichen Niederlegung der ersten Omensammlungen, muß eine Phase empirischer Beobachtung des Zusammentreffens von natürlichen Phänomenen verschiedenster Art und menschlichem Geschick gestanden sein. Direktes Zeugnis dieser Phase sind die sogenannten historischen Omina, die sich verstreut in den Vorzeichensammlungen finden: «*(Wenn ein bestimmter Befund vorliegt), [dann ist das das Omen] des (Königs) Rimusch, den seine Diener mit ihren Rollsiegeln erschlagen haben.*» Ein besonderer Opferschaubefund wurde mit dem bemerkenswerten politischen Ereignis, das sich später zugetragen hatte, in Zusammenhang gebracht. Der nächste Schritt ist der Umkehrschluß von der empirischen Beobachtung einer Koinzidenz zu deren Vorhersage: «*Wenn ein Mann (im Traum) in den Himmel auffährt, wird sein Leben kurz sein. Wenn er in die Unterwelt hinabsteigt, wird sein Leben lang sein.*» Solche Bedingungssätze sind das typische Format babylonischer Omina.

In einem weiteren Schritt konnten Vorhersagen nicht nur auf empirische Erfahrung gestützt werden, sondern auch anhand von als regelhaft erkannten Zusammenhängen und Gesetzmäßigkeiten generiert werden. Die Omensammlungen unterlagen dabei denselben Kompilationsprinzipien wie lexikalische Listen, mit denen sie ja auch das Listenformat gemein haben: Sie wurden immer länger, immer komplexer, aber die Grundstruktur blieb unverändert.

Man vermutet, daß schon im 2. Jahrtausend unter den in den Texten aufgelisteten Vorhersagen die erschlossenen, nicht beobachteten Omina bei weitem jene überwogen, die auf Empirie beruhten. Die Omensammlungen unterscheiden sich strukturell nicht von den gleichfalls kasuistisch, also in Bedingungssätzen, formulierten ‹Gesetzen› der Rechtsbücher (S. 67) oder von medizinisch-diagnostischen Texten («*Wenn der Kranke ..., wird er genesen/sterben*»): Die Bildungsgesetze, die interne Logik, die Bedingung und Folge verbindet bzw. anhand derer einzelne Fälle generiert wurden, können heute nur mehr abgeleitet werden, sie wurden nie schriftlich in allgemeiner, abstrakter Form niedergelegt.

Manche dieser Regeln lassen sich heute noch feststellen: So wurden etwa bei der Leberschau, also bei der Interpretation der Leber von Opferlämmern, manche Leberteile in eine linke, negative und eine rechte, positive Seite gegliedert. Grundsätzlich positive Befunde auf der rechten Seite waren positiv für den Fragenden, dieselben Befunde auf der linken Seite waren negativ. Grundsätzlich negative Befunde auf der linken Seite waren für den Fragenden positiv. Ähnliches galt z. B. auch bei Omina, die aus Mißgeburten herausgelesen wurden. Dort war die rechte Seite jedoch grundsätzlich negativ besetzt, offensichtlich, da eine Mißgeburt *per se* Unglück verhieß. Über solche links-rechts-Gegensätze (oder auch oben-unten-Dichotomien, vergleiche damit die beiden oben zitierten Traumomina) konnten aus gegebenen Omina sehr leicht weitere erschlossen werden.

Die Möglichkeit, aus einmal erkannten Gesetzmäßigkeiten weitere Vorhersagen zu generieren, schloß nicht aus, daß weiter versucht wurde, genaueres Datenmaterial zu gewinnen. Seit dem 7. Jahrhundert wurden in Babylon systematisch Beobachtungen über Himmelserscheinungen, das Wetter, den Wasserstand im Euphrat, über Preise, bemerkenswerte politische und gesellschaftliche Ereignisse sowie Kuriosa (z. B. Mißgeburten) in den sogenannten astronomischen Tagebüchern gesammelt: ein groß angelegter Versuch, die empirische Basis der Vorzeichen-‹Wissenschaft› entscheidend zu verbessern.

Aus dem Glauben an Vorzeichen und eine durch sie erschließbare, nach göttlichem Ratschluß vorbestimmte Zukunft folgte für die Babylonier keinesfalls ein passives Sich-Ergeben in ein unabwendbares Schicksal, kein apathischer Fatalismus. Ungünstige Vorzeichen waren primär Warnungen, die man beachten mußte. Durch Gebete, Opfer und Magie konnten die Götter umgestimmt werden. Es gab eine eigene Kategorie von magischen Ritualen, die sogenannten ‹Löserituale›, die dafür bestimmt waren, das von einem Vorzeichen angezeigte Übel abzuwenden.

Ein grundsätzlicher Unterschied bestand zwischen erbetenen und unerbetenen Zeichen. Orakelanfragen, also erbetene Zeichen, waren notwendig, wenn wichtige Entscheidungen oder Unternehmungen göttlich sanktioniert werden sollten. Solche Orakelanfragen wurden in einem ritualisierten Rahmen durchgeführt, d. h. sie waren von Opfer und Gebet begleitet. Die für Babylonien bei weitem wichtigste Technik in diesem Zusammenhang war die Eingeweideschau; Orakelträume und Anfragen an ‹Propheten›, also direkt mit den Göttern kommunizierende Priester oder Exstatiker, spielten demgegenüber eine geringere Rolle. Unerbetene Zeichen konnten himmlisch oder irdisch sein und sich sogar in menschlichem Aussehen und Verhalten manifestieren.

Das der Vorzeichen-‹Wissenschaft› zugrundeliegende Prinzip der Vernetztheit aller Phänomene führte dazu, daß man die Deutung von Zeichen eines Typs mit anderen Verfahren verifizieren konnte. In altbabylonischer Zeit wurde etwa in Mari die Aussage eines Propheten immer durch Eingeweideschau überprüft. Obwohl also alle Zeichen grundsätzlich miteinander übereinstimmen sollten, hatten unterschiedliche Omentypen unterschiedliche Relevanz bzw. unterschiedliche Adressaten. Himmlische Zeichen waren für die Herrscher von besonderer Bedeutung. Spektakulären Vorkommnissen wie Mond- oder gar Sonnenfinsternissen wurde naturgemäß landesweite, also herr-

schaftsrelevante, Bedeutung zugesprochen. Nicht speziell erbetene irdische Zeichen wurden demgegenüber nur selten auf den
König und das Gemeinwesen als Ganzes bezogen.

Die Anfänge der Astrologie dürften im 3. Jahrtausend liegen,
obwohl aus dieser Zeit keine einschlägigen Texte erhalten sind.
In altbabylonischer Zeit beschäftigte man sich primär mit
Mondomina, vereinzelt auch mit (den als höchst bedrohlich erachteten) Sonnenfinsternissen und mit Planetenphänomenen.
Gegen Ende des 2. Jahrtausends hatte sich das Repertoire der beobachteten Zeichen stark vergrößert: Die kanonische Sammlung
von Himmelsomina behandelt nicht nur Erscheinungen des Mon-
des und der Sonne, sondern auch solche der Planeten und der
Fixsterne sowie Wetterphänomene und Erdbeben. Die von diesen Zeichen abgeleiteten Vorhersagen betrafen immer den König
und den Staat. Gegen das von solchen himmlischen Omina vor-
hergesagte Unheil konnte man sich mit Löseritualen schützen. In
schweren Fällen, wenn der Tod des Königs drohte, war es möglich, mittels eines eigenen Rituals einen Schein- oder Ersatzkönig
auf dem Thron zu installieren, den das Unheil treffen würde bzw.
der nach Verstreichen der Gefahr leicht zu beseitigen war.

Diese aus mindestens 65 Tafeln bestehende Himmelsomina-
sammlung war einer der am häufigsten kopierten und studier-
ten Texte des 1. Jahrtausends. Eigene spezialisierte Schreiber –
Astrologen/Astronomen – beschäftigten sich mit diesem Mate-
rial an den Königshöfen und in den Tempeln. Es waren diese
Gelehrten, die über mehrere Jahrhunderte hinweg die oben erwähnten systematischen Beobachtungen in den astronomischen
Tagebüchern festhielten, die den gebräuchlichen lunisolaren
(Mond-Sonnen-)Kalender durch Einführung des «metonischen
(Schalt-)Zyklus» auf eine sichere Grundlage stellten. Ihnen gelang auf der Basis des von ihnen gesammelten Materials der
Durchbruch zur rechnenden Astronomie, die unter anderem die
Voraussage von Bewegungen von Himmelskörpern ermöglichte. Bereits die Himmelsominasammlung enthält zwei Tafeln, in
denen gerechnet wird; ab dem 5. Jahrhundert erreichte das einschlägige Schrifttum sowohl quantitativ als auch qualitativ
ganz neue Dimensionen. Diese herausragende Leistung wurde

von Nachbarkulturen – Ägypten, Indien, Griechenland – rezipiert (die Tierkreiszeichen etwa kommen aus Babylonien) und begründete die Reputation der sogenannten Chaldäer, also babylonischer Astrologen und Astronomen (benannt nach den Kaldäern, der bestimmenden nichtalteingesessenen Bevölkerungsgruppe Babyloniens in der ersten Hälfte des 1. Jahrtausends), zu Zeiten des Hellenismus und im kaiserzeitlichen Rom.

Das Gegenstück zu den Himmelsomina war eine umfangreiche Sammlung (über 10 000 Zeilen in 120 Tafeln) von terrestrischen Zeichen. Beobachtet wurden beispielsweise Zeichen in und bei Städten und Häusern, an Wild- und Haustieren, Vögeln und Blitzen, in Feldern und Gärten, auch in menschlichem Verhalten. Die Vorhersagen betrafen in der Regel das Geschick der Menschen des Haushalts, in dem das Zeichen beobachtet worden war. Nur Zeichen, die im Palast auftraten, hatten dementsprechend eine Bedeutung für den König. Anders als Himmelszeichen konnten solche terrestrischen Vorkommnisse nicht systematisch beobachtet werden, für den König potentiell relevante Ereignisse mußten daher an den Palast gemeldet werden. Auch gegen Unheil, das durch Zeichen dieser Art angekündigt wurde, konnte man sich mit Löseritualen schützen. Die Prinzipien, nach denen von den Zeichen auf die Folgen geschlossen wurde, sind bei dieser Sammlung komplex und noch nicht im Detail verstanden. Bemerkenswert ist eine Gruppe von Omina, die Voraussagen aus dem sexuellen Verhalten eines Mannes und seiner gleich- und andersgeschlechtlichen Partner machen. Hier ergibt sich, daß aus der Sicht des Mannes eine sexuell passive Rolle negativ bewertet wurde, eine aktive positiv. Eine sexuell aktive Frau brachte Unglück.

Auch andere Zeichen am Menschen wurden systematisch beobachtet und gesammelt. Eine lange Komposition (3000 Zeilen) enthält sogenannte diagnostische und prognostische Omina, also Zeichen, die der Exorzist oder Beschwörungspriester – er war es, der die der Krankheit zugrundeliegende Ursache, die Schuld, aufgrund derer die Götter Krankheitsdämonen geschickt hatten, aufzuspüren hatte – am Kranken selbst, aber auch auf dem Weg zum Kranken oder in seiner näheren Umgebung beobachtete. Berücksichtigt wurden also nicht nur Krankheitssymptome im engeren Sinne, sondern ganz in Übereinstimmung mit der geschilderten Grundtatsache der prinzipiellen Vernetztheit aller materiellen Phänomene auch die Begleitumstände der Behandlung. Die Systematik der beobachteten körperlichen Symptome ist eine einfache Reihung *a capite ad calcem* (von Kopf bis Fuß). Die Voraussagen sind meistens (positive oder negative) Genesungsprognosen, manchmal werden auch Aussagen über die Dauer der Krankheit gemacht. Auch dieser Text wurde im 1. Jahrtausend vielfach abgeschrieben, studiert und kommentiert. Als Mittel gegen eine negative Folge wurden neben der therapeutischen Behandlung im engeren Sinne (S. 110) auch magisch-religiöse Mittel eingesetzt, die auf eine Versöhnung der erzürnten Gottheit abzielten.

Babylonische Beschwörer erstellten auch aufgrund der körperlichen Erscheinung, der Manierismen und zufälliger Äußerungen einer Person (Wortorakel) Voraussagen über deren Zukunft. Die einschlägigen Handbücher gehen in ihrer kanonischen Form – dies ist eine seltene Ausnahme unter den sonst weitgehend anonymen Werken der babylonischen Literatur – auf das Werk eines namentlich bekannten Kompilators, des Gelehrten Esangila-kin-aplu, der im 11. Jahrhundert am babylonischen Hof tätig war, zurück. Derselbe Mann soll im übrigen auch die oben erwähnte Sammlung diagnostischer Omina zusammengestellt haben.

Aus den Wortorakeln läßt sich bis zu einem gewissen Grad entnehmen, was man in Babylonien «sagen konnte» und was nicht; diese Omina sind implizite ethische Empfehlungen: «*Wenn (ein Mann) sagt: ‹Ich will reich sein!›, wird er nicht reich werden. ... Wenn er jemanden verleumdet, wird er (selbst) aufgrund einer Anklage sterben ... Wenn er von sich denkt, ‹Was für ein Held bin ich!›, wird er beschämt werden.*»

Auch die babylonische Physiognomik wurde in hellenistischer Zeit im Westen rezipiert; als Spezialisten galten den Griechen und Römern wieder die «Chaldäer», die schon mehrfach genannten babylonischen Gelehrten. Selbst einschlägige syrisch-aramäische und arabische Texte des Mittelalters gehen auf babylonische Traditionen zurück.

Die Eingeweide- und Leberschau war die wichtigste Technik für die Gewinnung von göttlichen Antworten auf konkrete Fragen. Im Gegensatz zu den bisher behandelten Omenkategorien, die zu deuten den Beschwörern oblag, war die Eingeweideschau Aufgabe einer anderen Gruppe von Spezialisten, der «Seher» (so die wörtliche Übersetzung des babylonischen Wortes) oder «Opferschauer».

Opferschauomina behandelten nicht nur Phänomene, die in den Eingeweiden des Opferlamms, insbesondere auf der Leber, für deren Teile eine außerordentlich detaillierte Terminologie entwickelt wurde, beobachtet werden konnten, sondern auch das Verhalten des Tieres vor der Schlachtung. «*Wenn das Schaf andauernd sein Maul öffnet, (bedeutet das) Wehklagen.*» Wie bei anderen Vorzeichenkategorien auch, wurde gegen Ende des 2. Jahrtausends das vorhandene Material systematisiert und in eine danach als kanonisch akzeptierte Form mit mindestens 100 Einzeltafeln gebracht.

Die Opferschau war eine Divinationsform, der sich vor allem die Könige routinemäßig bedienten; sie ermöglichte, schnell verläßliche göttliche Antworten zu bestimmten Anfragen zu erhalten. Verwaltungstexte aus dem altbabylonischen Mari zeigen beispielsweise, daß monatlich rund 500 Lämmer für königliche Anfragen an die Götter geopfert wurden.

Das Ritual, das bei einer Opferschau vollzogen wurde, war wie ein Gerichtsverfahren, bei dem der Sonnengott (und Gott der Gerechtigkeit) Schamasch das Urteil zu sprechen hatte, strukturiert. Es fand in der Nacht statt, zu einer Zeit, als sich der Sonnengott (die Sonne) in der Unterwelt befand, wo er Gericht hielt. Das Verfahren begann mit der rituellen Reinigung des Sehers. Dann rief er mit seinem Gebet, begleitet von Räucherungen, Schamasch und den Wettergott Adad als Patrone der Opferschau herbei und bat sie, ihm auf seine Anfrage eine klare Antwort zu geben. Man stellte sich vor, daß der Sonnengott selbst den zu erhebenden Befund in die Eingeweide des Tieres geschrieben hatte. Die zu beantwortende Frage – eine Ja oder Nein verlangende Entscheidungsfrage – flüsterte der Seher dem Tier noch vor seiner Schlachtung ins Ohr. Fleisch des Tieres

wurde dann den Göttern geopfert, eine Tontafel mit der Orakel-
anfrage und dem Fingernagelabdruck des Opfergebers (und eigentlichen Fragestellers) den Göttern (d. h. deren Statuen) ‹vorgelegt. Erst dann begann die Inspektion der Eingeweide. Für die
Interpretation des Befundes konnten die Seher nicht nur das
umfangreiche Omenkompendium zu Rate ziehen, sondern auch
Modelle von Schafslebern, auf denen die verschiedenen Teile
der Leber eingezeichnet und benannt waren.

Ungünstige Bescheide wurden gelegentlich umgangen, indem
die Frage den Göttern erneut vorgelegt wurde. Auch Löserituale
sind bekannt, die ein aus einer Opferschau abgeleitetes Unheil
abwenden sollten.

Die Opferschautechniken wurden wie die anderen ‹Fächer›
der babylonischen Vorzeichen-‹Wissenschaft› im Westen rezipiert und kopiert. Besonders die etruskische und die daraus entwickelte römische Leberschau scheinen direkt von babylonischen Vorbildern abhängig zu sein; auf welchem Wege diese
Tradition über Kleinasien nach Italien gekommen ist, ist aber
unbekannt.

## Medizin

In Babylonien koexistierten eine an Magie orientierte, im babylonischen Sinn ‹wissenschaftliche› Medizin, die die vermutete
Ursache der Krankheit, das Wirken böswilliger Dämonen, zu
beseitigen suchte, und eine ‹empirisch-praktische› Therapeutik,
die sich verschiedenster Heilmittel pflanzlichen, mineralischen
und tierischen Ursprungs bediente. Diese beiden unterschiedlichen Zugangsweisen waren komplementär, nicht gegensätz-
lich, die jeweiligen Spezialisten, der Beschwörer oder Exorzist
und der Arzt oder ‹Heilmittelkundige›, arbeiteten zusammen,
manchmal unterstützt von Opferschauern, die durch Orakelanfragen Befunde verifizieren halfen: nicht immer mit Erfolg, wie
das folgende Zitat aus einem literarischen Text, dem «Gedicht
vom leidenden Gerechten», zeigt: *«Die Vorzeichen in Zusammenhang mit meiner Krankheit haben den Beschwörer geäng-
stigt, die für mich eingeholten Opferschauorakel den Opferschauer verwirrt. Es konnte der Exorzist die Natur meiner*

*Krankheit nicht offenbaren, einen Termin für (das Ende) meines Leidens vermochte der Opferschauer nicht zu bestimmen.*»

Ein Beispiel für das Ineinandergreifen von medizinischer Therapeutik im engeren Sinn und Magie ist die Beschwörung gegen den ‹Zahnwurm›, deren einleitende Passage, die eine Erklärung für die Entstehung des Zahnschmerzes gibt, bereits auf S. 83 f. zitiert wurde. Die Fortsetzung lautet wie folgt: «*Setze den Pflock und packe den Fuß (des Zahns)!* (Eine Anweisung an den Beschwörer/Arzt: Er soll den Zahn nun mittels eines Hebels reißen.) *Weil du das sagtest, Wurm, soll Ea dich schlagen mit seiner starken Hand!* (Dies ist das Ende der eigentlichen Beschwörung. Es folgt eine Unterschrift und eine Rezeptur:) *Beschwörung gegen Zahnschmerz. Die Behandlung: Mischbier, einen Brocken Malz und Öl mischst du, rezitierst die Beschwörung dreimal darüber (und) legst (die Mischung) auf den Zahn.*»

Die wesentlichen medizinischen Handbücher oder Kompendien für die Beschwörer waren die oben bereits beschriebenen diagnostischen Omina; die Heilmittelkundigen verfügten über Listen von (schematisierten) Krankheits- und Symptombeschreibungen mit Therapievorschriften und Prognosen. Auch diese Texte folgen dem Omenformat, d. h. es sind Bedingungssätze: «*Wenn ein Mann Kopfschmerzen hat und ..., dann sollst du ...*». Neben den langen stereotypen Kompilationen existierten auch kürzere, oft detailliertere und jedenfalls weniger formalisierte therapeutische Einzelrezepturen. Die Ärzte verabreichten ihre Heilmittel in jeder denkbaren Form: innerlich, durch Getränke oder in Form von Einläufen, als Pflaster oder Salben, durch Räucherungen usf. Chirurgische Eingriffe werden in medizinischen Texten nicht behandelt, der Kodex Hammurapi erwähnt jedoch einen Eingriff an der Schläfe.

Eine Bewertung der Wirksamkeit der Behandlungen ist nur selten seriös möglich, da die meisten pflanzlichen *materia medica* bestenfalls nur ungefähr identifizierbar sind. Hinzu kommt, daß manche Rezepturen offenbar absichtlich kryptisch formuliert wurden. Es läßt sich jedenfalls zeigen, daß die Wahl der vorgeschriebenen Heilmittel manchmal auf Prinzipien oder Zusammenhängen beruhte, die (von einem modernen Standpunkt aus betrachtet) nichts mit ihrer (potentiellen) Wirksamkeit zu tun hatte. Manche Zutatenkombinationen wurden zum Beispiel direkt aus der konventionellen Listentradition übernommen. In anderen Fällen lagen der Auswahl der Heilmittel analogische Beziehungen zugrunde, wie sie für magische Rituale typisch sind: «*Um einer Frau, die noch nicht geboren hat, zur Empfängnis zu verhelfen: Du häutest eine ‹Röhricht-Maus›* (ein nicht sicher identifizierter Nager), *schneidest (sie) auf und füllst sie mit* murru (einer bitteren einheimischen Pflanze), *du trocknest (das Ganze) im Schatten, zermalmst und zerreibst es und vermischst es mit Schafsfett. Du gibst es in ihre Vagina, und sie wird schwanger werden.*» Die Verwendung des Nagetiers in diesem Zusammenhang war durch dessen bekannte Fruchtbarkeit motiviert.

## Mathematik

Babylonische Schreiber lernten in ihrer Ausbildung den Umgang mit den komplexen Maßsystemen, sie lernten Felder zu vermessen, Anteile bei Teilungen zu berechnen und Abrechnungen zu machen. Die babylonische Mathematik hatte ihren ‹Sitz im Leben› in der Schule und war aus den praktischen Erfordernissen der Schreiberausbildung entstanden. Das verwendete Zahlensystem war sexagesimal, hatte also die Zahl 60 als Basis – eine von den Sumerern übernommene Praxis, die eigentlich der dezimalen Struktur der babylonischen Zahlwörter zuwiderlief. In der mathematischen Fachliteratur findet man dieselben Textformate wie in der Medizin oder in der Omenliteratur: Listen verschiedener Art und Fallbeispiele (die sogenannten Aufgabentexte), aus deren Behandlung konkreter Fragestellungen allgemeine Rechenregeln abzuleiten waren (und sind). Die Listen sind Multiplikations- und Reziprokentabellen (dividiert wurde durch Multiplikation mit dem Reziproken des Divisors), Listen von Quadratzahlen und dritten Potenzen bzw. umgekehrt der entsprechenden Wurzeln und ähnliches mehr. Eine besondere Kategorie sind die sogenannten Koeffizientenlisten – Listen von Konstanten, mittels derer Werte eines Maßsystems in solche eines anderen konvertiert werden konnten –, die offensichtlich aus praktischen Erfordernissen entstanden sind.

Aufgabentexte in ihrer vollen Form stellten Probleme («Wenn er dich fragt: ‹Was ist …›») – die Bedingungssätze, die hier gelegentlich verwendet wurden, zeigen die formale Zusammengehörigkeit dieses Genres mit den kasuistisch formulierten Gesetzen oder auch Omina – und führten in an eine zweite Person gerichteten Anweisungen Schritt für Schritt die Lösung vor. Besonders zahlreich sind geometrische Probleme (Längen-, Flächen- und Volumenberechnungen), die jedoch rein algebraisch sind und lineare, quadratische und vereinzelt kubische Gleichungen lösen: Die geometrische Formulierung war nur eine anschauliche Einkleidung. Üblicherweise waren die Aufgaben so formuliert, daß sich im Sexagesimalsystem ‹schöne›, runde Zahlen ergaben. Zu den einprägsameren Leistungen der altbabylonischen Mathematik in diesem Zusammenhang gehört etwa die Entdeckung des «Satzes des Pythagoras». Andere Aufgaben beschäftigten sich mit den quantitativen Parametern der Lehmziegelherstellung (und des Ziegeltransports) – angesichts der Millionen Lehmziegel, die für Großbauten verwendet wurden, kein überraschendes Thema –, Erdarbeiten, Preisen (oder besser Kursen: angegeben wurde in Babylonien generell, wieviel eines bestimmten Gutes für eine Geldeinheit zu erhalten war), Erbteilungen, Zins- und Zinseszinsrechnung (obwohl Zinseszinsen in der Praxis selten waren), Herdenwachstumsraten und Wollproduktivität usf.

Der Einfluß der babylonischen Mathematik auf benachbarte Kulturen war beträchtlich. Namentlich die griechische Tradition sieht die eigene Mathematik in direkter Abhängigkeit von babylonischen (und ägyptischen) Vorbildern. In vielen Einzelfällen ist in griechischen Quellen die Rezeption von babylonischem mathematischen Wissen, das über Ionien an der Westküste Kleinasiens nach Europa gekommen sein muß, tatsächlich nachweisbar.

# 7. Babylonische Literatur

## Formale Charakteristika

Die Abgrenzung der Literatur im engeren Sinn erfolgt vorwiegend negativ: In diesem Abschnitt werden kanonische Werke behandelt, Werke also, die im Schreibercurriculum gelehrt und von ausgebildeten Berufsschreibern verfaßt wurden, die nicht unter die ‹wissenschaftliche› Fachliteratur, also die Kompendien der Beschwörer, Seher, Ärzte oder Astrologen, subsumiert werden können. Diese Werke werden sowohl in allgemeinen Darstellungen als auch in der Fachliteratur oft privilegiert behandelt, weil sie modernen ästhetischen Kriterien besser entsprechen als die ‹wissenschaftlichen› Kompendia. Das darf nicht darüber hinwegtäuschen, daß in babylonischer Sicht letztere, und nicht Literatur, den eigentlichen Kern des Kanons bildeten.

Die Rekonstruktion der babylonischen Literatur – die bei weitem noch nicht abgeschlossen ist – hat besonders in ihren Anfängen enorm von assyrischen Funden profitiert: Die Bibliothek des Assyrerkönigs Assurbanipal, die in Ninive gefunden worden ist, enthielt alle wesentlichen Werke des babylonischen Kanons, der in Assyrien enormes Prestige genoß (eine genuin assyrische, insbesondere eine in assyrischer Sprache geschriebene Literatur hat sich daher nur in Ansätzen herausgebildet). Die sumerische Literatur, die vielfach nur in Abschriften der altbabylonischen Zeit vorliegt, aber in das 3. Jahrtausend zurückreicht, bleibt hier außer Betracht.

Babylonische Dichtung verwendete Verse, die in der Regel Sinneinheiten bzw. vollständige Sätze sind und auf den Tontafeln in eine Zeile geschrieben wurden. Verse, die durchaus unterschiedliche Länge haben konnten – die Metrik war nicht quantifizierend –, wurden in Halbverse unterteilt, die eigene Akzenteinheiten bildeten. Strophen konnten zwei-, drei- oder vierzeilig sein. Formale Gestaltungsmittel, die häufig zur Anwendung kamen, waren Alliteration, Binnenreim und vor allem (chiastischer) Parallelismus (vergleiche als Beispiel auf S. 110 f. das Zitat aus dem «Gedicht vom leidenden Gerechten»; die Übersetzung folgt soweit wie möglich der babylonischen Wortstellung). Im 1. Jahrtausend finden sich Akrosticha, wobei die ersten Zeichen einer jeden Zeile zusammen einen Sinn ergeben. Dieses Stilmittel ist insofern bemerkenswert, als es nur auf der schriftlichen Ebene erkennbar ist; sonst sind die Texte auf den Vortrag hin ausgelegt.

Der literarische Prosastil unterschied sich von Poesie durch seine oft sehr viel längeren Sätze, die auch gewöhnliche Alltagsprosa weit übertrafen; literarische Figuren, etwa Parallelismen, Alliterationen und dergleichen, sind wesentlich seltener. Typisch für literarischen Stil – sowohl in der Prosa als auch in der Poesie – sind oft recht plastische, eindrucksvolle Vergleiche und Metaphern. Im folgenden Beispiel wird ein Traum geschildert, in dem der Erzähler mit dem personifizierten Tod («*seine Hände waren Löwenpranken, seine Krallen Adlerkrallen*») ringt: «*Ich stieß ihn, aber er sprang (wieder auf mich) zu wie eine Springschnur; er stieß mich und brachte mich zum Kentern wie ein Floß; wie ein Wildstier trampelte er auf mir herum ...*». Auch Wortspiele und Assonanzen wurden in diesem Zusammenhang kreativ verwendet: *bīnu būnūka*, «*dein Gesicht ist (gelb-grün wie) Tamariske(nholz)*», heißt es von einem ängstlichen Gott.

Babylonische Literatur wurde überwiegend anonym tradiert, Ausnahmen sind selten. Wenn in manchen Werken der Autor selbst spricht oder genannt wird, dann in einem Kontext, der auf göttliche Legitimation des Werks und damit implizit auf eine Abschwächung der Bedeutung der Rolle des Verfassers abzielt: Wesentliche Punkte, die in diesem Zusammenhang betont werden, sind die göttliche Inspiration oder wenigstens göttliche Anerkennung des Werks und die religiös motivierte Notwendigkeit, das Werk zu tradieren und möglichst weit bekannt zu machen.

## Literarische Gattungen

Genreunterscheidungen innerhalb des babylonischen literarischen Korpus sind ein notorisch schwieriges Problem, bei dem babylonische Klassifikation, die kaum bekannt ist, wenig weiterhilft. Mit B. R. Foster kann man funktional die im folgenden näher erläuterte zelebrative, didaktische, narrative, performative («effective») und expressive Literatur differenzieren.

In die Kategorie der *zelebrativen Texte* werden historische Epen, die über die Genrerestriktionen der Königsinschriften hinausgehend in der Regel die Taten vergangener Herrscher behandeln und verherrlichen, sowie Hymnen und Gebete an Götter eingeordnet. Die historischen Epen sind Prosakompositionen, Hymnen haben immer Versform. Gebete, sowohl in gebundener als auch in freier Form, gehören anders als Hymnen oft in den Kontext der ‹wissenschaftlichen› Literatur, besonders als Opferschaugebete oder zur Begleitung von Beschwörungen. Im folgenden altbabylonischen Opferschaugebet wendet sich der Seher an die Götter der Nacht: «*Zur Ruhe gekommen sind die Fürsten, vorgelassen die Riegel, die Türringe angelegt. Die lärmenden Menschen sind stille geworden, die offenen Tore verriegelt. Die Götter des Landes … sind eingetreten zum Schlafe des Himmels, richten kein Recht, fällen keine Entscheidung. Verhüllt ist die Nacht, der Palast erstarrt, stille das offene Land. Wer unterwegs ist, ruft den Gott, sogar der (nach diesem Omen) gefragt hat, schläft jetzt. Der Richter der Wahrheit, der Vater der Waisen, Schamasch tritt jetzt ein in sein Gemach. Die großen Götter der Nacht* (es folgen die Namen von Sternbildern) *mögen herbeitreten. …*»

*Didaktische Literatur*, oft in Abhängigkeit von bibelwissenschaftlichen Gewohnheiten Weisheitsliteratur genannt, will ethisch oder religiös raten und trösten. Kurze Sprichwörter fallen ebenso in diese Kategorie wie längere narrative Werke. Ein Hauptthema ist göttliche Gerechtigkeit. Am beeindruckendsten ist vielleicht das «Gedicht vom leidenden Gerechten», ein Monolog eines Höflings, der, Marduks Gunst verloren habend, beim König in Ungnade fällt, gesellschaftlich geächtet wird, physisch erkrankt, nach langem Leiden aber wieder von Marduk gerettet wird – das Hiob-Motiv des Alten Testaments. Im Unterschied zu Hiob ist sich der namentlich genannte (und möglicherweise historische) Leidende aber seiner Unschuld nicht sicher. «*Wüßte ich doch (gewiß), daß hiermit der Gott einverstanden ist! Was einem selbst gut erscheint, könnte für den Gott ein Frevel sein; was dem eigenen Sinn sehr schlecht dünkt, könnte dem Gott gut gefallen! Wer kann den Willen der Götter im Himmel erfahren?*» Man wird an die endlosen Sündenlisten in der magischen Literatur erinnert: Die Möglichkeit, die Götter in irgendeiner Weise erzürnt zu haben, war für einen Babylonier nie auszuschließen. Leiden und Errettung sind hier Zeichen göttlicher Allmacht, der der Mensch ganz ausgeliefert ist; sie werden nicht wie in der Hiob-Erzählung als Prüfung der menschlichen Leidensfähigkeit und Gottergebenheit dargestellt.

*Narrative Literatur* umfaßt die langen mythologischen und epischen Erzählungen, die Hauptwerke der babylonischen Literatur. Genannt seien nur *Enuma elisch*, das Weltschöpfungsepos, der Atra-hasis-Mythos, der die früheste babylonische Fluterzählung enthält, die Erzählung von der Unterweltsfahrt der Liebesgöttin Ischtar und das Gilgamesch-Epos, das noch genauer vorgestellt wird. Auch Werke dieser Kategorie können wie etwa Gebete in magische Rituale eingebettet sein. Ein Beispiel ist die bereits erwähnte Erzählung vom Zahnwurm (S. 83 f. und 111). Die Grenze zu *performativer Literatur* ist hier und in ähnlichen Fällen kaum klar zu ziehen. Ein performativer Text soll einen (materiellen) Effekt erzielen; magische Formeln fallen daher in diese Kategorie. Auch eine Rezitation des jüngsten der großen Mythen, der Dichtung vom Pestgott Erra und seinem Wesir Ischum («das Feuer»), die von Chaos und Krieg berichtet, die Erra verursacht, als er für eine gewisse Zeit anstelle Marduks die Weltherrschaft innehat, hat ‹performative› Wirkung, wie die letzten Zeilen des Werks zeigen: «*Der Sänger, der es singt, wird nicht an der Pest sterben, König und Fürst wird sein Vortrag gefallen. Der Schreiber, der es memoriert, wird aus Feindesland entfliehen, geehrt sein in seinem Land.*»

*Expressive Literatur* möchte nicht belehren oder preisen, sie zielt auf eine emotionale Reaktion, indem etwa eine einzelne Szene in großem Detail geschildert wird. Die Mehrzahl der hier einzuordnenden Werke ist humoristisch, wie etwa ein später Text aus dem Schulmilieu, in dem geschildert wird, wie ein – vorgeblich gelehrter, wie sich aber herausstellt, ungebildeter – Arzt aus Isin nach Nippur eingeladen wird, wo nicht nur jedermann absurd lange und komplizierte sumerische Namen hat, sondern selbst die Gärtnerinnen die tote Gelehrtensprache sprechen können, während der Arzt die einfachsten Sätze in Sumerisch nicht verstehen kann. Der Arzt zur Gärtnerin Nin-lugalapsu, die er nach dem Weg fragen will: «‹*Nin-lugal-apsu?*› ‹*Ja bitte, lugalmu?*› ‹*Was beschimpfst Du mich?*› ‹*Warum sollte ich dich beschimpfen? Ich sagte: Ja bitte, mein Gebieter?*› ‹*Könntest du mir den Weg zum Haus von Ninurta-sagentarbi-zaemen, Sohn von Mizidesch-kiaggani, Neffe von Enlil-Nibru-kibigi, zeigen?*› ‹*en nutuschmen*› ‹*Was beschimpfst du mich (schon wieder)?*› ‹*Warum sollte ich dich beschimpfen? Ich sagte: Herr, er ist nicht zuhause!*› …*»* Abschließend heißt es: «*Er ist wirklich ein Idiot! Die Schüler sollten sich zusammentun und ihn mit ihren Schultafeln aus dem großen Tor jagen.*»

## Das Gilgamesch-Epos

Das Gilgamesch-Epos ist unbestritten das herausragende Werk der babylonischen Literatur. Sein Held Gilgamesch, ein König des südmesopotamischen Uruk, war möglicherweise eine historische Gestalt aus der ersten Hälfte des 3. Jahrtausends. Um ihn und eine Reihe anderer Herrscher von Uruk rankte sich ein Zyklus sumerischer literarischer Texte. Die babylonischen Gilgamesch-Texte schöpfen aus diesem Material, erweitern es aber und formen es beträchtlich um.

In altbabylonischer Zeit gab es wahrscheinlich noch kein zusammenhängendes Gilgamesch-Epos, sondern nur einzelne Erzählungen in babylonischer Sprache. Erst um 1200 entstand eine einheitliche, kanonische Fassung in 12 Tafeln, die die jüngere Überlieferung einem Sin-leqe-unninni zuschreibt. Das

Zwölftafelepos verwendet Elemente der alten Gilgamesch-Erzählungen und Motive aus anderen Werken der Literatur, schafft aber aus diesen Bausteinen etwas gänzlich Neues. Der kreative Umgang mit alten Traditionen, die immer geachtet werden, manchmal sogar explizit unverändert übernommen worden sein sollen, die aber de facto bei jeder neuen Rezeption umgeändert und adaptiert werden, ist ebenso typisch für die Arbeitsweise babylonischer Autoren wie deren auch beim Verfasser des Gilgamesch-Epos erkennbares Bestreben, ihr eigenes Wirken hinter einer behaupteten anderen, älteren und immer höheren Autorität, der das Werk zugeschrieben wird, zu verbergen. Der Konservativismus, der mit dem Konzept kanonischer Literatur und deren Transmission in den Schreiberschulen verbunden ist, darf über dieses immer präsente schöpferische Element nicht hinwegtäuschen.

Die Handlung des eigentlichen Gilgamesch-Epos umfaßt nur 11 Tafeln. Die 12. Tafel ist ein Fremdkörper: Sie enthält eine babylonische Übersetzung einer sumerischen Gilgamesch-Erzählung mit einer langen Unterweltsbeschreibung, die vielleicht an das Epos angeschlossen wurde, weil Gilgamesch nach einer Tradition nach seinem Tod als Totenrichter in der Unterwelt wirkte.

Die Themen des Gilgamesch-Epos sind Macht und Machtmißbrauch, Freundschaft, die Suche nach dem ewigen Leben und die Vergeblichkeit menschlichen Strebens angesichts des unabwendbaren Endes, des Todes. Immer wieder setzt sich Gilgamesch mit den Göttern auseinander; das Werk ist deswegen aber kein Mythos, sein wesentlicher Gegenstand ist der Mensch, sein Werk und seine Vergänglichkeit und nicht seine Beziehung zu den Unsterblichen. Die Erzählung, so eine Passage am Anfang des Epos, sei von Gilgamesch selbst in Stein geschrieben worden, und künftige Generationen sollten daraus lernen: Das Epos wird also als ‹Autobiographie› Gilgameschs mit didaktischen Zielen dargestellt, der Autor verbirgt sich hinter dem behaupteten Original.

Das Epos beginnt mit einer zum Teil hymnenartigen Vorstellung von Gilgamesch, der zu zwei Dritteln Gott und zu einem Drittel Mensch ist – er ist also sterblich – und der die gewaltigen

Mauern von Uruk gebaut hat. Seine Willkürherrschaft empfinden die Urukäer aber als bedrückend, sie beklagen sich über seinen Machtmißbrauch bei den Göttern, die ihm einen Rivalen schaffen, Enkidu. Dieser wächst in der Steppe auf, lebt mit den Tieren und weiß nichts von menschlicher Zivilisation. Ein Jäger sieht ihn, berät sich mit seinem Vater und Gilgamesch und führt schließlich eine Prostituierte – ein Freudenmädchen; das verwendete Wort hat jedenfalls keine negativen bzw. abwertenden Konnotationen – in die Steppe, die mit Enkidu schläft (sechs Tage und sieben Nächte lang) und ihn danach, als er feststellen muß, daß ihm die Tiere fremd geworden sind, nach Uruk führt. Dort werden er und Gilgamesch nach einem (unentschiedenen?) Kampf Freunde. Die folgenden Tafeln berichten von Abenteuern der beiden: Zunächst ziehen sie in den fernen Zedernwald und töten dort dessen Wächter, den mächtigen Humbaba. Dann wird Gilgamesch von der Liebesgöttin Ischtar begehrt, weist sie aber ab, da sie alle ihre Liebhaber ins Unglück gestürzt habe: «*Du liebtest den Hirten ... Du schlugst ihn und verwandeltest ihn in einen Wolf ... Du liebtest Ischullanu, den Gärtner deines Vaters ... Du schlugst ihn und verwandeltest ihn in einen Zwerg (?).*» Im Zorn überredet Ischtar den Himmelsgott Anu, den «Himmelsstier» gegen Uruk zu senden, das Monster wird aber von Gilgamesch und Enkidu getötet. Erneut wird Ischtar geschmäht, diesmal von Enkidu. Die Ratsversammlung der Götter beschließt darauf seinen Tod. Enkidu erkrankt, verbittert sieht er dem Tod entgegen, flucht dem Freudenmädchen, das ihn in die Stadt gebracht hat. Der Sonnengott besänftigt ihn, Enkidu segnet das Mädchen («*um deinetwillen soll (ein reicher Mann) seine Ehefrau verlassen, mag sie auch Mutter von sieben Kindern sein*») und stirbt nach aufwühlenden Träumen von der Unterwelt. Gilgamesch weint um den toten Freund «*wie ein Klageweib*» «*sechs Tage und sieben Nächte; ich gab seinen Körper nicht zur Beerdigung frei, bis eine Made aus seiner Nase fiel*» und ist auch um seiner selbst willen verzweifelt: «*Ich werde auch sterben; werde ich dann nicht wie Enkidu sein?*» So zieht er aus, Utnapischti zu finden, der die Flut überlebt und von den Göttern ewiges Leben erhalten hat. Nach langen Irrfahrten findet er ihn auch. Utnapischti belehrt Gilgamesch über die Unausweichlichkeit des «*grimmigen Todes, der die Menschen niederwirft*» und erzählt von der Flut – hier verwendet das Epos Motive aus dem Atra-hasis-Mythos, verkürzt die Vorgeschichte aber. Dort beschließt Enlil, der vom Lärm der Menschen im Schlaf gestört wird, deren Vernichtung. Sein Plan wird aber von Ea hintertrieben, der seinem Liebling Atra-hasis (bzw. Utnapischti im Gilgamesch-Epos) entscheidende Informationen zukommen läßt. Atra-hasis (Utnapischti) baut eine Arche und kann sich und seine Familie vor der Flut retten, in der sonst alle Menschen umkommen. Im Gilgamesch-Epos wird detailliert geschildert, wie die Arche sechs Tage und sieben Nächte auf dem Wasser treibt, bis sie auf einem Berg strandet. Utnapischti sendet dann nacheinander mehrere Vögel aus, um festzustellen, ob das Wasser sich schon zurückgezogen habe – Motive, die fast identisch in der biblischen Sintfluterzählung wiederkehren: Der hebräische Text ist von der babylonischen Vorlage abhängig, der genaue Transmissionsweg ist aber nicht bekannt. Ein Opfer Utnapischtis versöhnt danach die bereits ‹ausgehungerten› Götter, die sich mit der Existenz der Menschen abfinden, aber dafür sorgen, daß ihrer nicht zu viele werden: im Atra-hasis-Mythos durch unfruchtbare Frauen, kinderlose Priesterinnen und Kindersterblichkeit, im Gilgamesch-Epos sorgen dafür Löwe, Wolf, Hunger, Pest. Utnapischti und seiner Frau schenkt Enlil aber die Unsterblichkeit.

Utnapischti unterzieht Gilgamesch einer Prüfung: Er soll sechs Tage und sieben Nächte nicht schlafen – offensichtlich um ihm vor Augen zu führen, daß er nicht einmal in der Lage sein werde, den Schlaf zu besiegen, geschweige denn den Tod. Tatsächlich schläft der übermüdete Gilgamesch sofort ein. Dennoch hilft ihm Utnapischti, eine Pflanze zu finden, die ihn verjüngen könnte. Diese wird jedoch von einer Schlange gestohlen – die sich sogleich häutet –, und dem verzweifelten Gilgamesch bleibt nur die Heimkehr mit leeren Händen. Das Epos endet mit der Rückkehr nach Uruk und mit Gilgameschs Preis der Mauern, die er gebaut hat – «*steig auf die Mauer von Uruk und gehe umher ...*» – ein Rückverweis auf den Anfang des Epos und zugleich ein Hinweis darauf, daß Gilgamesch sein Werk als seine wahre Hinterlassenschaft erkannt und damit auch seine Sterblichkeit akzeptiert hat und insgesamt gereift ist – man hat das Epos nicht zu Unrecht (auch) als eine Erzählung über das Erwachsenwerden gedeutet.

Eine erschöpfende Würdigung dieses Werks kann hier nicht gegeben werden. Das Bild der mächtigen Lehmziegelmauern von Uruk, die von der vergangenen Größe Babyloniens zeugen, soll am Ende dieses Büchleins stehen.

## Abbildungsnachweis

Abb. 1:  AKG, Berlin

Abb. 2:  *Archiv für Orientforschung* 46/47 (1999/2000), 159 (Ausschnitt)

Abb. 3:  L. Woolley und M. Mallowan, *Ur Excavations 7. The Old Babylonian Period.* London: British Museum Publications, 1976, 103 Abb. 28 (Ausschnitt).

Abb. 4:  E. Heinrich, *Tempel und Heiligtümer im alten Mesopotamien.* Berlin: Walter de Gruyter, 1982, Abb. 403 (Ausschnitt).

Abb. 5:  M. Roaf, *Mesopotamien. Kunst, Geschichte und Lebensformen.* Augsburg: Christian Verlag, 1991, 192 unten.

Abb. 6:  M. Roaf, *Mesopotamien. Kunst, Geschichte und Lebensformen.* Augsburg: Christian Verlag, 1991, 193 unten.

Die Karten A und B wurden von K. Wagensonner (Krems) auf der Basis von D. Charpin und N. Ziegler, *Mari et le Proche-Orient à l'époque amorrite*, Paris 2003, 28, gezeichnet.

# Zeittafel

| | |
|---|---|
| Ende 21.–<br>Ende 17. Jh. | Altbabylonische Periode: (amurritische) (Stadt-)Staaten, v. a. Isin, Larsa, Eschnunna, Mari und Babylon, kämpfen um die politische Vorherrschaft in Mesopotamien. |
| 1894–1595 | 1. Dynastie von Babylon. Seit Hammurapi (1792–1750) |
| 1595 | Vorherrschaft Babylons über Südmesopotamien. |
| 16. Jh.– 10. Jh. | Mittelbabylonische Periode. |
| 16. Jh.–<br>Mitte 12. Jh. | Meerland- und Kassitendynastie. Babylonien ist neben Elam, Assyrien, dem Mittanireich, dem Hethiterreich und Ägypten eine der vorderorientalischen Großmächte. Kriege mit Assyrien. Elamereinfälle beenden die Kassitenherrschaft. |
| 1157–1026 | 2. Dynastie von Isin: Restauration babylonischer Macht unter Nebukadnezar I. (1125–1104). Abfassung des *Enuma elisch*? Aramäereinfalle führen zu einer zunehmenden Auflösung der Zentralgewalt. |
| 10. Jh.–626 | Frühneubabylonische Periode. Kaldäer und Aramäer dominieren weitgehend das politische Geschehen. Geringe zentralstaatliche Kohäsion. Ab der Mitte des 8. Jh.s assyrische Aggression; Kaldäerfürsten führen den Widerstand. |
| 728–626 | Assyrische Herrschaft über Babylonien (mit kurzen Unterbrechungen). |
| 689 | Zerstörung Babylons durch den Assyrerkönig Sanherib. |
| 680–653 | Wiederaufbau der Stadt unter den Assyrern Asarhaddon und Assurbanipal bzw. dessen Bruder Schamasch-schumu-ukin. |
| 652–648 | Aufstand von Schamasch-schumu-ukin gegen seinen Bruder, mit arabischer, elamischer und kaldäischer Unterstützung. Babylon wird erneut von den Assyrern belagert und eingenommen. |
| 625–539 | Neubabylonische Periode: Nabopolassar (625–605) begründet das neubabylonische Großreich, das unter Nebukadnezar II. (604–562) den Höhepunkt seiner Macht erreicht. Der letzte unabhängige babylonische König, Nabonid (555–539), kann das Reich nicht gegen die Perser unter dem Achämeniden Kyros halten. |
| 539–331 | Babylonien prosperiert als Teil des Achämenidenreichs. Das Babylonische und die Keilschrift werden langsam vom Aramäischen und der Alphabetschrift zurückgedrängt. |
| 330–129 | Makedonen- und Seleukidenherrschaft. Babylonien wird während der Kämpfe zwischen den Nachfolgern Alexanders des Großen bis ca. 312 und durch die Kämpfe mit den Par- |

thern im 2. Jh. schwer in Mitleidenschaft gezogen. Die babylonische Kultur lebt zunehmend nur mehr im Umkreis der alten Heiligtümer weiter.

129– Babylonien ist Teil des Partherreiches. Endgültiges
224 n. Chr. Erlöschen der Keilschrifttradition spätestens am Ende dieser Periode.

# Literaturhinweise

Die Auswahl der Titel beschränkt sich auf deutschsprachige einführende Werke und Fachliteratur sowie einige grundlegende Arbeiten in anderen europäischen Sprachen. Alle diese Bücher nennen weiterführende Literatur.

D. Charpin und N. Ziegler, *Mari et le Proche-Orient à l'époque amorrite*, Paris 2003.

D. O. Edzard, *Geschichte Mesopotamiens. Von den Sumerern bis Alexander dem Großen.* München 2004.

B. R. Foster, *Before the Muses. An Anthology of Akkadian Literature.* Bethesda ²1996.

A. R. George, *The Babylonian Gilgamesh Epic.* Oxford und New York 2003.

P. D. Gesche, *Schulunterricht in Babylonien im ersten Jahrtausend v. Chr.* Münster 2000.

E. Heinrich, *Tempel und Heiligtümer im alten Mesopotamien.* Berlin 1982.

E. Heinrich, *Die Paläste im alten Mesopotamien.* Berlin 1984.

N. Heeßel, *Babylonisch-assyrische Diagnostik.* Münster 2000.

B. Hrouda (Hrsg.), *Der Alte Orient. Geschichte und Kultur des alten Vorderasien.* Gütersloh 1991.

M. Hutter, *Religionen in der Umwelt des Alten Testaments I. Babylonier, Syrer, Perser.* Stuttgart, Berlin, Köln 1996.

H. Klengel (Hrsg.), *Kulturgeschichte des alten Vorderasien.* Berlin 1989.

R. Koldewey, *Das wieder erstehende Babylon.* 5. überarb. und erw. Aufl. hrsg. v. B. Hrouda, München 1990.

A. Kuhrt, *The Ancient Near East ca. 3000–330 BC.* London 1995.

M. Liverani, *Antico Oriente. Storia società economia.* Rom und Bari ⁶2002 [die beste Überblicksdarstellung mit einem Schwergewicht auf Sozial- und Wirtschaftsgeschichte].

P. Matthiae, *Geschichte der Kunst im Alten Orient 1000–330 v. Chr. Die Großreiche der Assyrer, Neubabylonier und Achämeniden.* Darmstadt 1996.

S. M. Maul, *Zukunftsbewältigung. Eine Untersuchung altorientalischen Denkens anhand der babylonisch-assyrischen Löserituale (Namburbi).* Mainz 1994.

H. J. Nissen, *Geschichte Alt-Vorderasiens.* München 1999.

H. J. Nissen und P. Heine, *Von Mesopotamien zum Irak. Kleine Geschichte eines alten Landes.* Berlin 2003.

A. L. Oppenheim, *Ancient Mesopotamia. Portrait of a Dead Civilization.* Chicago und London ²1977 [das mit Abstand beste allgemeine Buch zum Thema].

W. Orthmann, *Der Alte Orient.* Propyläen Kunstgeschichte Band 14. Berlin 1975.

J. N. Postgate, *Early Mesopotamia. Society and Economy at the Dawn of History.* London und New York ²1994.

M. Roaf, *Mesopotamien. Kunst, Geschichte und Lebensformen.* In der Reihe: Bildatlas der Weltkulturen. Augsburg 1991.

W. Röllig (Hrsg.), *Neues Handbuch der Literaturwissenschaft. 1. Altorientalische Literaturen.* Wiesbaden 1978.

W. von Soden, *Einführung in die Altorientalistik.* Darmstadt 1985.

Beispiele für alle wichtigen babylonischen Textkategorien finden sich in O. Kaiser (Hrsg.), *Texte aus der Umwelt des Alten Testaments.* Gütersloh 1982 ff.

# Nachweis zu ausführlicher zitierten Quellen

S. 7: *Gilg.* I 15 ff.; S. *17 f.:* Durand, LAPO 17, 733; S. *19:* FM 5, 206[330]; S. *20:* ARM 1, 108; S. *26:* EA 9; S. *27:* TCS 5, No. 22 iv 4–6; S. *33:* TCS 5, No. 1 i 6–8; S. *35:* BIWA 234 f. §§ 38. 41; S. *49:* Tabelle nach R. McC. Adams, *Heartland of Cities*, Chicago 1981, Tabellen 13 und 15; S. 64: FM 1, 115: 17–19; S. *65:* KH I 37–39; S. *71:* Zahlen zur Lebenserwartung nach C. Witzel u. a., BATSH 5, 174 ff.; S. *81: AfO* 33, 25/27: 131 ff.; S. *82:* CT 24, 50; S. *82: AoF* 24, 158 ff.; S. *83 f.* und *111:* nach K. Hecker, TUAT 2/4 603 f.; S. *84:* Ee VI 33 f.; S. *85 f.:* SAALT 1, 73. 146 f.; S. *86:* W. Sallaberger, RLA 10, 96; S. *87 f.:* nach W. Farber, TUAT 2/2, 222; S. *88: Gilg.* VII 187–191; S. *88 f.:* George, *Gilgamesh*, 775: f1–g2; S. *90:* SAHG 352 Nr. 79; S. *90:* S. M. Maul, *Herzberuhigungsklagen*, 239: Rs. 7 f.; S. *90:* YOS 2 (= *AbB* 9) 141; S. *92:* S. M. Maul, *Herzberuhigungsklagen*, 242: 42 ff.; S. *92 f.: AfO Beih.* 11, 13 ff.; S. *95:* ZA 64, 140 f. Z. 4; S. *100: Iraq* 31, 31; S. *101:* W. G. Lambert, *Fs. Garelli*, 416; S. *101 f.:* das Ritual ist *Bīt mēsiri*, das wörtliche Zitat ist aus SBTU 3, 69 § 30; S. *103:* YOS 10, 42 I 5; S. *103:* A. L. Oppenheim, *Dreams*, 267; S. *108: AfO Beih.* 27, 131 ff.; S. *109:* YOS 10, 47: 5; S. *110:* BWL 44: 108–111; S. *112:* I. L. Finkel, *Fs. Lambert*, 171 ff. No. 17; S. *115: Gilg.* VII 170. 172–4; S. *115: Atr.* I 93. 95; S. *116:* nach von Soden, TUAT 2/5 718 f., vgl. Foster, *Muses*, 148 f.; S. *117:* von Soden, TUAT 3/1, 33–36; S. *117:* G. Müller, TUAT 3/4, 801, 53–55; S. *118:* A. R. George, *Iraq* 55, 63 ff., vgl. Foster, *Muses*, 819 f.; S. *118 ff.:* die Gilgamesch-Zitate sind *Gilg.* VI 58 ff., VII 161, VIII 45, X 58–60 u. ö., ergänzt nach *Gilg.* M ii 6'–9', IX 3, X 307, XI 322.

# Register